Yo soy Yo

Yo soy Yo

Conecta con tu identidad

Laia Pastor Pié

Reyes Rodríguez Vázquez

Título: *Yo soy yo*
Autoras: Reyes Rodríguez Vázquez, Laia Pastor Pié.
Equipo BioTikún
biotikun@gmail.com

Edición y maquetación: 2020, Romeo Ediciones
Diseño de la cubierta: 2020, Romeo Ediciones
Diseño de ilsutraciones: Ivet Macias Bugarin

Primera edición: agosto de 2020
ISBN-13: 978-84-18213-92-2

¡Estamos encantadas de volverte a ver!

Seguimos juntos en este viaje que emprendiste con nuestro primer libro, *¿Por qué soy como soy?*, conectando con tu verdadera esencia. Ahora continúa esta magnífica aventura que te llevará a culminar el trabajo de autoconocimiento y a permanecer en un estado de *felicidad real* permanente.

Yo Soy Yo es la herramienta que te acompañará a conectar con tu identidad.

¿Estás preparado? ¡Vamos a ello!

Tú también puedes ayudarnos a difundir este mensaje. Si vibras con esta energía, sube una foto del libro a las redes y compártela con los tuyos. Etiqueta a BioTikún y nosotras también lo veremos.

Nos encontrarás en las redes sociales,

¡SÍGUENOS!

WWW.BIOTIKUN.COM

Agradecimientos:

Te damos las gracias a ti por acompañarnos en este gran viaje de evolución.

A todas las personas que nos mandáis mensajes con felicitaciones y agradecimientos que nos muestran que estamos siguiendo el camino correcto.

Agradecemos a Ivet Macias Bugarin, la ilustradora de las imágenes del libro y las cartas, por su gran trabajo y dedicación y por plasmar nuestra esencia a la perfección.

A todas las personas de nuestro entorno más cercano por creer en nosotras y transmitirnos su amor y ánimos para seguir adelante.

Realidad imaginaria

Imagina cómo sería un mundo mejor,
donde reinara la paz y la libertad de expresión.
Imagina estar despierto en un mundo lleno de amor,
donde las injusticias cedieran y las críticas
desaparecieran.
Imagina volar hacia el lugar soñado,
donde dejaras de perseguir las cosas que te hacen daño.
Imagina liberar los prejuicios que tanto te limitan y no te
dejan avanzar.
Imagina abrazar a toda la humanidad, todos formamos
parte de ello.
Imagina danzar al compás del viento
y susurrar que todo es eterno.
Imagina el amor del universo en progreso,
en su máxima expresión.
Imagina la vida llena de conciencia pudiendo ser quien
quieras y como quieras.
Imagina atreverte y seguir a tu corazón,
eliminando toda creencia y todo patrón.
Imagina toda la capacidad que hay en tu ser.
Seguir adelante y nunca darse por vencido.
Imagina seguir creando tu vida llenándola de
oportunidades infinitas.
Imagina tu realidad, crea tu imaginación.

BioTikún

Índice

Yo Soy Yo, conecta con tu identidad

«El verdadero trabajo surge cuando un hombre comienza a observarse a sí mismo».

George Gurdjielff

Somos Laia Pastor y Reyes Rodríguez, el equipo BioTikún, y te damos la bienvenida a un mundo mágico, donde encontrarás las herramientas que te ayudarán a enriquecerte, evolucionar profundamente y conectar con tu identidad.

¿Realmente le das importancia al valor de conocerte?

Si observas y tomas consciencia de ti mismo, reconociendo tu propia personalidad con tus habilidades, puntos fuertes y puntos débiles; si descubres lo que realmente te gusta hacer y dónde te gustaría invertir tu tiempo libre, sin dejarte llevar por pretextos o limitaciones mentales, dándote la oportunidad de conocer y comprender quién eres realmente, esta toma de conciencia podría brindarte la oportunidad de trabajar tu desarrollo personal y generar un cambio profundo, alcanzando así la *felicidad real*.

A veces te identificas con tus limitaciones mentales como si fueran la única verdad, pero estas no te dejan pensar ni avanzar con claridad. Son las que te esconden tu «Yo real» junto a todos tus potenciales.

«Conocerte es una tarea que te puede llevar toda una vida».

Cuanto antes tomes acción, más pronto verás los resultados y podrás disfrutar de tu vida en plenitud, amor, *paz interior* y *felicidad real*.

En este libro de conciencia que forma parte de *Las Crónicas del Alma*, te proponemos los pasos para dar este cambio, conectar con tu identidad real y avanzar en tu evolución, sintiéndote libre y completamente feliz.

Podrás identificar tus estados emocionales y así poder trabajar «tu sentir», tu comportamiento y tu acción. Es una oportunidad para liberarte y lograr el cambio, consiguiendo la vida que deseas.

Tu esencia es tu conexión secreta escondida en tu interior. A través del conocimiento consciente podrás extraerlo a la luz y aprender a afrontar mejor tu vida día a día.

A veces no damos importancia a la propia introspección, a la toma de consciencia. Damos pasos hacia delante sin rumbo, siguiendo una rutina, que no es otra que la manera «correcta» de actuar y de vivir que nos inculca la sociedad. Si no actuamos siguiendo estas normas, parece ser que vamos por mal camino o a contracorriente. Esto nos lleva a la necesidad innecesaria de querer ser aceptados constantemente por la familia y el ámbito social.

En ocasiones podemos sentir frustraciones fruto de nuestra educación o de los ideales y patrones inculcados, las cuales nos hacen actuar o pensar de una manera determinada, y, cuando empezamos a conectar, nos damos cuenta de que inconscientemente no es lo que queremos hacer o pensar.

La cuestión es tener siempre presente que no se trata de ser perfectos, la perfección no existe, y tampoco existe lo raro, **existe lo original.**

Debes encontrar tu esencia y conectar con ella para llegar a ser quien realmente eres. Pon en acción esta persona única, original e irrepetible que eres. Para ello, debes llegar a amarte en tu totalidad, con lo positivo y lo negativo de tu persona, y, por supuesto, amar todo lo que te rodea. Cuando llegues a comprender todos los aspectos de tu personalidad, a reconocer tus aprendizajes y cuándo activar correcciones; cuando conozcas el funcionamiento de la vida comprenderás tu modo de actuar y también el modo de actuar de las otras personas. Entenderás que no hay un «vivir para sufrir», sino un **«vivir para evolucionar».** Cuando llegues a este punto estarás verdaderamente conectado con tu alma y con todo lo que ello conlleva. Fluirás por la vida en paz contigo mismo y con todo lo que te rodea. Y recuerda que llegar a la felicidad real no significa vivir sin acontecimientos desagradables, sin tristeza o sin miedos... es vivir con todo ello sin que te afecte interiormente.

«La sanación se produce con la transformación de la idea y la imagen cuando adquieren una nueva realidad».

Yo Soy Yo, conecta con tu identidad es la continuación de *¿Por qué soy como soy?, conecta con tu verdadera esencia*, y ambos libros son dos manuales para activar la conciencia y conectar con todo tu ser.

Este libro que tienes entre tus manos consta de cuatro partes. La primera parte es una introducción general para empezar a entender el funcionamiento del aprendizaje vivencial y cómo afrontarlo. La segunda contiene los veintidós senderos de aprendizaje de tu vida, y abordamos cada tema para que identifiques tu relación con cada uno de ellos; estos veintidós senderos representan los caminos de conexión entre planetas. La tercera parte reúne los once planetas que reflejan los once arquetipos básicos de la mente, y a través de ellos activas la conciencia. Y, por último, las tríadas del equilibrio, una serie de ejercicios de introspección para tomar conciencia y poner equilibrio en tu vida. La base de un buen funcionamiento es llegar a un punto medio, alejándote de los extremos.

Hemos escrito este libro para que, al mismo tiempo que disfrutas leyendo, aprendas a tomar conciencia y tu mente se active de tal manera que te lleve a pensar y analizar tu modo de actuación, de ver las cosas y de hacer síntesis de todo aquello que está en ti. Es entonces un trabajo de crecimiento personal a través de una toma de conciencia para llegar a la evolución espiritual, y todo ello unido a la psicología cabalística, que sirve para analizar los impedimentos que te pones tú mismo, pudiendo así enfrentarte con tu propia sombra y dar luz a tu verdadera esencia, conectándote con tu identidad. También podrás permitirte desarrollar o brillar con tus capacidades, liberar conflictos internos a niveles profundos y alcanzar la sanación a través de tu realización.

«La sanación no es una técnica, más bien una actitud de ver la verdadera realidad».

Junto a los dos libros de conciencia hay un cuaderno de ejercicios, *Mi diario de identidad*, para profundizar más en tu proceso de autoconocimiento y conexión con tu identidad, plasmar esta conexión y **tomar acción** para reconocerla y llevarla a tu consciente, pudiendo sanar y transmutar la energía. Todo este trabajo de conciencia te permitirá ver resultados. Así pues, ponemos a tu disposición una serie de ejercicios para que puedas trabajar cada aprendizaje individualmente o realizar un trabajo profundo de conexión con todos los senderos y planetas. Los veintidós senderos y los once planetas tienen su meditación para conectar con los aprendizajes y sacar tu inconsciente a la luz. Puedes obtener las meditaciones, *Meditaciones de mi identidad,* en formato MP3 en nuestra web.

Por último, también hemos canalizado y diseñado una baraja de cartas para ti, *Los senderos de mi Identidad,* basada en los aprendizajes de los senderos y esferas del Árbol de la Vida. Nuestra intención es transmitirte lo aprendido con la esperanza de que te sirva a ti y a todo el que quiera adentrarse en este maravilloso mundo. Con estas cartas inspiradoras podrás meditar, jugar y encontrar la guía que te conducirá a tu evolución personal. Cada carta, junto con su capítulo en este libro, contiene todas las experiencias de tu inconsciente, y todas ellas están llenas de mensajes para llevarlos a la luz, tomar consciencia de tus aprendizajes y así poder transformarlos.

Si quieres completar tu trabajo de conexión y adquirir el *pack* entero, **Crónicas del Alma**, puedes obtener más información o adquirirlos a través de nuestra página web **www.biotikun.com.**

«*Cuando te reconoces, tomas conciencia de lo que eres, y se produce el "Yo Soy, Yo me amo"*».

¡Empieza el viaje, encuentra tu «Yo» y conecta con tu identidad!

INTRODUCCIÓN

1

Reflexión

Nos ha llevado un tiempo observar, reflexionar e interiorizar los resultados tan positivos de nuestro primer libro, ***¿Por qué soy como soy? Conecta con tu verdadera esencia***; un libro con el que hemos abierto muchas puertas hacia el mundo de las energías y que ha sido la primera parte de tu gran viaje para empezar a volar.

Recibir vuestras felicitaciones y vuestros mensajes inspiradores nos ha llenado de luz y claridad. Estamos profundamente agradecidas y satisfechas de haber cumplido con nuestro objetivo: transmitir nuestro punto de vista ante la vida y la evolución, conectándote, al mismo tiempo, a ti y al universo, pero, sobre todo, acompañándote a encontrar la *felicidad real*.

Ahora queremos conexionar más profundamente y acompañarte en esta segunda parte del viaje para que tú mismo puedas despertar lo más oculto que hay en ti y conectar con tu identidad, realizando un viaje a tu interior, al origen de todo.

¿Empezamos?

Lo primero que puedes hacer es escribir una carta dirigida a ti mismo «Quién Soy Yo». En ella puedes expresar todo aquello que valoras de tu persona, todo lo que te gustaría mejorar, y hacer una introspección para transmitir cómo estás y cómo te sientes en este momento. Hazlo en un momento en el que puedas conectar, en el que no tengas distracciones, en el que te sientas cómodo y relajado, y despídete de todo lo que no te gusta, suelta tus limitaciones y tus miedos. Cuando conectes con tu identidad, encontrarás tu camino para poder avanzar. Si tienes tu **Diario de mi identidad** puedes escribirla allí mismo.

Ahora observa atentamente el dibujo. ¿Qué te transmite?

Tómate el tiempo que necesites y píntalo. Puedes pintar el siguiente dibujo, o, si tienes tu *Diario de mi identidad*, puedes pintarlo en él. Si no puedes ahora mismo no te preocupes. Ya lo pintarás, ¡pero que no se te olvide! Ahora utiliza tu imaginación. ¿Qué colores escogerías? ¿Cómo lo pintarías?

(Cuando tengas pintado tu dibujo, puedes analizarlo con la Tabla cromática recogida en el anexo del libro. Los colores que has utilizado más son los que marcan tu tendencia emocional inconsciente en estos momentos).

No sabemos cómo ha quedado tu dibujo ni qué colores has utilizado. Solo sabemos que, si cien personas han pintado este dibujo, cada uno es totalmente diferente a los otros.

Esto se debe a que actúan diferentes factores que han hecho que tu dibujo sea de una manera o de otra. En este caso, el factor principal sería el conjunto de las emociones que sentías en el momento de pintar y el estado mental, emocional y espiritual en el que te encontrabas. También influye tu entorno, y los recursos de los que dispones en el momento son asimismo determinantes en el resultado de tu dibujo. Solo queremos que reflexiones. El resultado de una simple acción, como es pintar un dibujo, depende de muchos factores internos y externos.

Puede que hayas utilizado colores cálidos, colores fríos, negros o blancos. Pinturas, lápices de colores, ceras, acuarelas o minas de carbón; incluso puedes haber escrito palabras, haber dejado espacios sin pintar o haber pintado absolutamente todo. Hay miles de combinaciones posibles, miles de maneras de pintar este dibujo.

¿Crees que habría alguna combinación errónea?

Con esto queremos transmitir que, al igual que hay miles de maneras de pintar un dibujo, también existen muchas maneras de hacer, pensar y decir las cosas, tantas como estrellas en la galaxia. Cada persona es única e irrepetible y actúa según sus factores e influencias personales, según su criterio y según su manera de ser. Los conflictos entre personas normalmente parten de estas personalidades únicas y diferentes que cada uno tenemos al esperar que los otros reaccionen, digan o piensen de la misma manera que nosotros.

Ahora nos centraremos en los aspectos que creemos que son los más relevantes para entender la importancia de la toma de conciencia y de acción para vivir un día a día feliz y en paz contigo mismo.

Cuando tu pensamiento, palabra y acción están en concordancia con las *leyes universales*, siguiendo unos criterios de entendimiento llenos de amor, entonces encuentras tu camino. Tu conexión con tu identidad te lleva, como por arte de magia, hacia la evolución consciente y a encontrar la felicidad real. Lo puedes llamar «magia», pero este cambio profundo lo habrás logrado tú mismo con pequeñas acciones que cambiarán tu vida por completo; simplemente fluyendo con el universo, creyendo en ti, queriéndote y respetándote, tratando de igual a igual todo lo que está a tu alrededor.

- Evolución espiritual consciente -

La obra completa ***Crónicas del Alma*** es una herramienta de toma de conciencia y acción para trabajar tu evolución consciente. Pero ¿qué significa exactamente la evolución consciente?

Veamos primero la definición de la palabra «evolucionar» en el *Diccionario de la lengua española* (DLE) de la Real Academia Española (RAE).

Evolucionar (de evolución)

1. intr. Dicho de un organismo o de otra cosa. Desenvolverse o desarrollarse, pasando de un estado a otro.

2. intr. Mudar de actitud, de conducta o de propósito.

3. intr. Desplazarse describiendo curvas o vueltas.

4. intr. Dicho de una tropa o soldados de un buque: hacer movimientos consistentes en pasar de unas formaciones a otras para atacar al enemigo o defenderse de él.

5. intr. Dicho de una teoría o de una idea: desarrollarse o transformarse.

Evolución es cambio, transformación y desarrollo.

Si lo relacionamos con la evolución espiritual, que es en lo que nosotras nos centramos, el término «evolución–evolucionar» se refiere a experimentar un cambio de consciencia.

Tu cuerpo biológico va experimentando una evolución natural a medida que pasan los años que es perceptible a tus ojos y es una transformación imparable. La evolución espiritual no se ve, se siente, y sucede dentro de ti. Te reencuentras con tu «Yo interior» y conectas directamente con tu ser más puro.

Esta evolución no es lineal y constante, al igual que la evolución biológica, sino que puede pararse, avanzar e incluso, desde nuestro punto de vista y experiencia, también retroceder.

Evolucionar espiritualmente es necesario para encontrar la paz interior, la felicidad real y para llegar a comprender el porqué y para qué de la vida. Si no, vivirás en un constante vacío interior que, sin ser consciente de ello, te llevará a los excesos, dependencias, necesidades o apegos que perturban tu paz interior.

Indagar y llevar a cabo una búsqueda personal, una introspección, te sitúa en el camino evolutivo. Pero, como hemos dicho, la evolución no es lineal. Permanecemos en un estado X de consciencia. El día a día, el aprendizaje y la valoración de cada momento a través de la observación e interiorización de los conceptos te ayuda a desarrollar tu conciencia. Incluso soñar, leer un libro o ver un documental; todo esto también te lleva a trabajarla. En el momento que experimentas una vivencia lo suficientemente importante, según la percepción de cada uno, esta te hace cambiar tu modo de ver las cosas, aprendes de la situación vivida y tu conciencia realiza un salto evolutivo o, como se le llama, un salto cuántico, del cual hablaremos más adelante. Este salto evolutivo no siempre es en positivo. A veces, un aprendizaje vivencial hace retroceder tu conciencia, volviendo al inicio de algo que ya estaba superado. Por esta razón es muy importante prestar atención a tu ciclo evolutivo y trabajar tu conciencia día a día para no retroceder ante las adversidades de la vida y para saber reaccionar, comprender y transmutar, siguiendo así un camino positivo y avanzando hacia la evolución máxima sin dar marcha atrás en ningún momento. Como una planta que, si la vas regando y mimando, sigue creciendo y floreciendo, pero, en el momento en que la dejas de regar, empieza a marchitarse; lo mismo pasa con tu conciencia, cuando la trabajas, esta da sus frutos. Es un trabajo constante de aprendizaje, entendimiento y superación que te lleva a seguir tu camino en atención plena, paz interior y *felicidad real*.

- Entendimiento y respeto -

En nuestro libro *¿Por qué soy como soy?* recalcamos en diferentes capítulos la importancia del **no juzgar**. Cuando hay un entendimiento ante una situación o hacia una persona, es cuando actúas con respeto. El respeto es la principal acción que deberías poner en práctica siempre. Minuto a minuto. Segundo a segundo. Son acciones que provienen de la capacidad de vivir y actuar con amor.

Imagina la siguiente situación: estás conduciendo tranquilamente y de repente un coche te adelanta y supera el límite de velocidad, cometiendo una infracción. En ese momento puedes sentir rabia, enfado, incomprensión... Si acto seguido alguien te explica que la persona que conducía el coche produjo la infracción mientras se dirigía al hospital porque su hijo había sufrido un accidente, aunque sigue siendo un acto mal efectuado, ¿seguirías pensando igual o lo verías desde una perspectiva diferente?

Cuando juzgas, no sabes los motivos por los cuales las personas han actuado, dicho o hecho algo de ese modo. No sabes lo que la persona carga en su «mochila de vida». Y tú mismo te puedes encontrar en la misma situación.

«¿Y si la actuación de otro me perjudica directamente?», podrías pensar. Entonces, en vez de llevarlo al enfado, a la rabia y a la discusión, puedes utilizar la sinceridad positiva.

- Sinceridad y asertividad = sinceridad positiva -

¿Has escuchado alguna vez la frase «La sinceridad duele»? Pues nosotras te decimos que la sinceridad no duele si se utiliza correctamente.

La sinceridad es necesaria para poder ser honestos. Se necesita sinceridad y claridad ante las personas y los hechos para estar en paz contigo mismo. Pero debes saber utilizar correctamente la sinceridad para que no sea dañina ni para ti ni para los demás.

«Una cosa es ser sincero y otra muy distinta ser maleducado. La sinceridad debe ir acompañada del respeto».

El respeto lo conseguimos utilizando la asertividad. La asertividad te enseña a expresarte con total sinceridad, utilizando buenas palabras, buenas intenciones y buscando el bien para ti y para los demás. Es la habilidad social y comunicativa que consiste en conocer los derechos y defenderlos y expresar tus opiniones y sugerencias de forma honesta, sin utilizar la agresividad o la pasividad, respetando a los demás y, a su vez, tus propias necesidades.

Es importante valorar si utilizar la sinceridad en algún momento es bueno para uno mismo y si es necesario para el otro. A veces puedes dar tu opinión sincera cuando te la han pedido, y debes valorar si darla generará cambios en positivo o solamente estamos transmitiendo tu juicio camuflado en sinceridad. Cuando utilizas la sinceridad positiva se puede producir una reacción de rechazo en el otro, pero al cabo del tiempo habrá un entendimiento y una aceptación.

- Diferencias tóxicas e imposiciones -

Todas las guerras, los enfados, las discusiones y los enfrentamientos entre políticos, amigos, familiares, jefes y empleados; todo lo que conlleva diferencias entre dos o más personas, trae emociones negativas y, con ello, la perturbación de la paz interior y la ausencia de la *felicidad real*.

Cuando hay diferencias tóxicas, hay diferencias de percepción. Cada uno tenemos nuestra propia **razón**.

¿Quién marca la línea del bien y del mal? ¿Quién dice lo que es mejor o peor? ¿Quién puede decidir lo que es más bonito o feo?

La conexión con tu identidad se empieza a desarrollar cuando empiezas a preguntarte quién eres y qué es lo que quieres.

Siempre que trates todas las situaciones en tu vida desde el bien para ti y, sobre todo, desde el bien para el otro, obtendrás tu paz interior, y lo que es más importante, crearás más armonía a tu alrededor con todo y con todos, atrayendo este sentimiento de paz allí donde vayas.

- Emociones negativas -

Las emociones como la ira, el enfado o la rabia te proporcionan malestar interior, te producen dolor. Unas más que otras. Y, como todo, está el lado bueno: tú mismo tienes el poder de cambiarlo. Tú eres el único que puede modificar este estado.

Cuando te enfadas con tu pareja, por ejemplo, quien siente este enfado eres tú, y sentir o estar enfadado es una sensación desagradable. Tu vibración baja y todo se distorsiona, atrayendo más energía de baja vibración a tu vida, y esta ira u odio solo te hace daño a ti. ¿Sirve de algo dañarte emocionalmente de esta manera? La situación será la misma, el «problema» seguirá igual por más que te enfades.

Una emoción es instintiva, surge de tu interior ante una situación concreta. De este modo, no nos referimos a evitar estas emociones negativas, sino a controlarlas. Es decir, detecta e identifica la emoción, siéntela, acéptala y transmútala.

Permítete estar triste, enfadado, y vivir estas emociones que surgen sin control ante una situación, ante un acontecimiento doloroso. Deja salir la pena. Lo más sano y natural es pasar un tiempo de duelo en el que demos la posibilidad a estas emociones de expresarse en su plenitud. Y, después, podrás transmutarlas.

Aquí entra en juego el control emocional. Si una emoción dura demasiado tiempo, esta se transforma en sentimiento, y es cuando puede ser perjudicial.

Si dejas que la tristeza, el enfado o la ira se apoderen de ti y te dominen, si dejas que se instalen en tu interior, entonces es cuando serán perjudiciales, manifestándose en tu cuerpo vital.

Todas las emociones son necesarias. Puedes sentirlas y experimentarlas, pero, ante todo, mantén un control y déjalas ir de la misma manera que llegaron. No eres más espiritual por estar todo el día en paz y armonía ni porque todo a tu alrededor esté en su perfección. Debes aceptar tu lado más vulnerable, permitir que tu cuerpo se manifieste y encontrarte con tu parte más oscura. Déjala salir para descubrir realmente quién eres. Esto solo puedes hacerlo conectando con tu identidad.

«No tienes que ser positiva todo el tiempo. Está perfectamente bien sentirse triste, enojada, molesta, frustrada, asustada o ansiosa. Tener sentimientos no te convierte en una persona negativa, te convierte en humana».

Lori Deschene

- Conclusión -

Si tú estás en el modo de paz y felicidad, de entendimiento, respeto, comprensión, sinceridad y asertividad, buscando el bien para ti y para los demás, estarás preparado para sociabilizarte con las personas que no están en este modo. Porque serás lo suficiente inteligente emocionalmente para entender que el otro sigue su evolución personal. Serás capaz entonces de tratar con amor a quien no trata con amor y de vivir desde el amor por todo y por todos; y vivir con amor es el máximo placer de esta vida.

Estamos perfectamente conectados. Entrelazados en una constante conexión con todos y con todo, y también con nuestro alrededor en diferentes planos. Actuamos con ello asumiendo aprendizajes para despertar nuestra consciencia y elevar nuestro estado vibracional hacia la divinidad de nuestro ser.

«Cuando tú cambias, todo cambia».

2

¿Qué es la identidad?

La identidad es la conciencia que una persona posee sobre sí misma. Está formada por los pensamientos, sentimientos e ideas de la propia persona, que le permiten identificarse y diferenciarse del resto de la humanidad. Son características que la hacen ser quien es. Son el resultado de lo que somos cada uno como persona.

Según nuestras vivencias y experiencias podemos ir modificando nuestra identidad.

Es a partir de tus conocimientos, conceptos, aptitudes y todo lo relacionado con tu manera de pensar lo que forja tu identidad.

La conexión con tu identidad se empieza a desarrollar cuando empiezas a preguntarte quién eres y qué es lo que quieres.

Se requiere de un autodescubrimiento personal, desarrollado a través de tus creencias.

Cuando tienes carencia de identidad te dejas influenciar por las opiniones de los demás, generando dependencia de lo que dicen, piensan y hacen.

Tener tu identidad reafirmada te ayuda a saber quién eres y lo que quieres. Te ayuda a ser más fuerte y decidido.

- Tu propio enemigo -

La filosofía Cabalísitca no es otra cosa que la experiencia de la vida cotidiana, vivida en plena consciencia, y la experimentación al máximo de cada momento, de cada situación. La vida te pone a prueba.

Vivimos en un mundo de creación ilimitada. El universo es infinito y, aunque no seamos conscientes de ello, siempre está trabajando para cada uno de nosotros.

Si estás pasando por una situación profunda, tensa, dura o dolorosa, es así para que tomes consciencia, para que expandas amor y así alcances la evolución.

Tú mismo eres tu propio enemigo. Tu propio *ego* es tu mayor batalla.

Tomamos acciones en base a lo que sentimos. Nuestro único objetivo debería ser conectar con el mundo ilimitado que somos.

Para llevar a cabo la conexión con lo infinito y vibrar en abundancia, solo debes dejar atrás los pensamientos de limitación.

Cuando consigas dominar a tu enemigo, tendrás la vida en tus manos.

«*Me llamo Ego y soy la voz de tu interior. El que te hace dudar y creer que solo es cierto lo que ves, que no existe nada más allá de los cinco sentidos*».

Si alimentas tu ego lo dejas ganar, pero si luchas contra él lo puedes vencer. Te impulsa a actuar egoístamente, ya que el ego es necesario para funcionar en el plano material.

Cada vez que te comportas o piensas de forma negativa, sin darte cuenta formas capas negativas a tu alrededor. Estas capas se llaman miasmas. Las miasmas son como cáscaras que te impiden ver la luz, pensar o actuar positivamente. Así que debes tomar conciencia para eliminarlas, haciendo un trabajo personal o sencillamente no creándolas, lo cual es bastante difícil. Cada mañana nace un nuevo día al que te debes enfrentar; lo puedes convertir en una alegría, una tristeza, una decepción e incluso en un día nefasto. Depende de tu elección.

Cada día es inesperado y debes aprender a recibir todas las sensaciones sin rechazarlas, tanto las positivas como las negativas. El secreto radica en entender que todas son necesarias y forman parte de la vida. Siéntelas, acéptalas y libéralas, porque todas y cada una de ellas forman parte de tu aprendizaje. Si no consigues transmutarlas, entonces es cuando se forman dichas capas a tu alrededor.

acéptalas y libéralas, porque todas y cada una de ellas forman parte de tu aprendizaje. Si no consigues transmutarlas, entonces es cuando se forman dichas capas a tu alrededor.

40

3

Las reglas de la vida

Para poder pasar a una acción exitosa, debes tener la capacidad de transformar la información que tienes en conocimiento. Es decir, para llegar al saber debes experimentar la acción y comprobar su funcionalidad.

La Cábala te ofrece unas reglas de vida para fluir en armonía, dominar tu ego y tus pensamientos limitantes:

- Comprueba las lecciones aprendidas.

- No creas nada de lo que escuches, leas o te digan.

- Nadie tiene la verdad absoluta. Quédate siempre con lo que te resuena. Experimenta, busca información de distintas fuentes y, con ello, crea tu verdad.

- La verdad no es fija, es eternamente cambiante. Si ante tu verdad hay una reflexión nueva, sigue experimentando y transmutando tu verdad. A esto se le llama evolución.

- Luz y oscuridad -

Existen dos realidades, dos tipos de energía: la luz y la oscuridad. Nuestro mundo de oscuridad es un 1 %, y el reino de la luz es el 99 %.

Desde tu propia percepción, si vives en baja vibración, atascado en emociones o sentimientos negativos, este 1 % de oscuridad puede tener el gran poder para apagar el otro 99 % de luz. La oscuridad es el oponente de la luz, y es la que se encarga de hacerte creer que no puedes.

- El vacío -

Todo lo que el ser humano desea es estar en la luz. Cuando su oponente domina tu vida, sientes caer en el vacío. Te invade un sentimiento de frustración, de desconcierto, de desconexión. Te sientes perdido. El vacío es carencia de energía, ausencia de luz.

Eres un ser espiritual viviendo una experiencia terrenal. El alma no es visible a tus ojos, y perder esta conexión te lleva a olvidar que existe en tu interior y, en consecuencia, omites sus necesidades. Cuando sientes y conectas con tu alma, experimentas la vida de otra manera, eres más consciente de tus necesidades y puedes llenar ese vacío que en ocasiones puedes sentir en tu interior. Este sentimiento se produce cuando solamente estás concentrado en tu mundo material, pues lo material no puede llenar el vacío que posees.

Una persona puede tenerlo todo y, sin embargo, sentirse vacía, siempre buscando placeres momentáneos que para nada le satisfacen.

- Seres reactivos y proactivos -

El propósito de la vida es llegar a una transformación, pasar de ser seres reactivos a seres proactivos.

Esto significa que no debes esperar a que las cosas sucedan para reaccionar. Eres tú quien debe hacer que las cosas sucedan. Anticípate a los sucesos. Las consecuencias en tu futuro están en tus manos aquí y ahora.

- Autorresponsabilidad emocional -

Busca la responsabilidad en ti. No culpes a otras personas o a sucesos externos. Tú eres el único responsable de tu propia vida y de sus consecuencias.

La autorresponsabilidad emocional consiste en hacerte cargo, no solo de las situaciones y consecuencias externas, sino también de lo que piensas o sientes.

Nos hemos acostumbrado a buscar responsables de nuestras emociones, de modo que identificamos nuestro estado emocional y lo asociamos a lo que nos han podido decir o hecho, y así estamos proyectando la culpa en el otro.

Ante este funcionamiento que llevas dentro como un patrón inculcado, debes dar un giro y, en vez de focalizarte en lo externo («Me haces sentir mal», «Me agobias», «Me pones triste», «Me haces enfadar»), focalizarte en ti. Para entenderlo mejor observaremos el siguiente ejemplo:

Opción A:

Mario está en el supermercado y, al intentar coger un refresco de la estantería, este se le cae en la cabeza. Mario se enfada y mira de un lado a otro para ver si alguien se ha percatado de la situación. Siente vergüenza, rabia, y pasa así un rato mientras sigue comprando.

Opción B:

Mario intenta coger un refresco y se le cae uno en la cabeza. En un primer momento, la emoción inconsciente es el enfado, pero acto seguido se ríe de la situación, se ríe con aquel chico que le ha visto de lejos y sigue su compra como si nada hubiera ocurrido.

¿Realmente es el refresco o la situación la que tiene la «culpa» del enfado de Mario? ¿O es su actitud?

- Todo es evolución -

Los obstáculos que hay en tu vida son oportunidades para mejorar. Te impulsan al cambio, a vivir nuevas experiencias, a salir de tu zona de confort. Son retos de crecimiento personal.

Aquello que debes aprender viene en forma de experiencia vivencial. Cuando huyes de estas experiencias, que a veces son dolorosas (unas más que otras), este aprendizaje queda latente y más adelante se volverá a repetir, y normalmente las repeticiones son aún más dolorosas. Así que no huyas, enfréntate al aprendizaje y transmútalo. Una vez superada esta prueba de vida, primero, no se va a repetir más, y, segundo, habrás evolucionado para enfrentarte a otra situación con más sabiduría.

- Dar y recibir -

El universo opera a través de un intercambio. Si estás dispuesto a dar aquello que buscas, serás recompensado. Si quieres felicidad, da felicidad a otros. Si quieres amor, aprende a amar primero. Siempre debe haber una compensación, un equilibrio entre dar y recibir. Pero, sobre todo, no caigas en el error de esperar algo a cambio. La acción de dar debe ser desde el corazón, limpia de esperanzas y apartada del ego y el «Yo». Las esperanzas traen desilusiones. Cuando das realmente desde el amor incondicional, pensando en el tú y no en el yo, es cuando esta ley se refleja en su totalidad, y es entonces cuando recibes sin darte cuenta, sin esfuerzo.

- Capacidad de transformación -

Aprende a comunicarte con el universo. El cosmos te manda señales constantemente en forma de respuestas, pero estas señales no siempre se reciben en el formato que te gustaría.

Pregúntate qué es lo más importante que quieres lograr en la vida.

¿Es amor, salud, paz, prosperidad?... Estas son las respuestas que normalmente obtenemos ante la pregunta. Si te das cuenta, nada es material. Todo es energía, todo es luz, pues la luz es la esencia de todas las cosas que necesita el ser humano.

¿En qué áreas de tu vida tienes lo que quieres, pero te falta luz?

¿Tienes trabajo, pero no te sientes exitoso?

¿Tienes pareja, pero no sientes amor?

¿Tienes una familia, pero no sientes el calor del hogar?

¿Tienes dinero, pero no te sientes próspero?

Si tu respuesta es afirmativa en alguna de estas preguntas, significa que, en esa área concreta de tu vida, vives en el caos.

Absolutamente todo tiene dos polos: el negativo y el positivo. El polo negativo es el oponente al positivo y viceversa. Asimismo, los dos son necesarios, uno no existiría sin el otro.

Las dos polaridades están compuestas por la misma energía, pero con distinta vibración. Debes vibrar en positivo, pues vibrar en negativo es vivir en el caos. Comprender este principio te da la capacidad de transmutar tus pensamientos.

Por ejemplo, la polaridad positiva u oponente del miedo es el valor. Si vives con miedo, puedes transformarlo en valor. Si eliminas el miedo también eliminas su oponente. Así pues, en vez de eliminar el miedo, transmútalo en valor.

4

Conciencia oponente

«Me siento como si tuviera dos lobos peleando en mi corazón. Un lobo es enojado, violento, agresivo y vengador. En cambio, el otro lobo está lleno de amor, humildad y compasión.

Entonces, el joven preguntó:

"Abuelo, dime, ¿cuál de los dos lobos ganará la pelea de mi corazón?".

El abuelo contestó:

"Hijo, ganará el lobo que TÚ alimentes"».

Cuando tienes miedos, dudas, rabia, ira, desilusión, apatía... estás alimentando la oscuridad, el oponente de tu luz.

Toma conciencia de ello. Pon tu cuerpo al servicio de tus pensamientos. Primero piensas y luego mueves el cuerpo, pero antes debes tener la certeza de que puedes hacerlo. Cree en tu esencia, tu capacidad creadora.

Después viene la acción física, tu esfuerzo, lo que te ayudará a generar milagros y mejorar.

Un milagro es la suma de la certeza más la acción, la capacidad de transformar una situación en otra.

Los desafíos de la vida te sirven para esforzarte, mejorar y ganar.

Para desafiar el milagro, identifica una situación en tu vida que quieras cambiar, que desees que se haga el milagro. Cambia la manera de actuar y mantén la acción durante veintiún días. Pasado este tiempo, puede ser que identifiques el milagro en sí y, si no se produce, seguro que verás cambios importantes.

- Identifica tu oponente-

¿Cómo recibir más en tu vida? Si algo te falta, tú mismo te lo estás bloqueando. Si buscas es porque estás en la sensación del vacío. No existe problema, sino desafío. Querer es la tentación que tiene el ser humano, y controlar el deseo es un aprendizaje. Todo cambia cuando tú cambias la manera de actuar.

Te puede ir bien en un área de tu vida, pero otra se puede ver bloqueada porque tienes un mal comportamiento. Lo que haces en un área de tu vida te afecta en otra. Por ejemplo, a un jefe que trata mal a sus empleados y no les da el trato como es debido el negocio le puede funcionar bien, pero, sin embargo, otra área de su vida como, por ejemplo, su relación afectiva, puede verse afectada por esta actitud.

Aprende a identificar la manera en que te relacionas con un problema. El sistema emocional puede restringirte el reconocerlo y te lleva al impulso negativo. Si estás agobiado ante un problema es mejor no actuar. Deja espacio y tiempo. Observa la situación desde fuera. Cuando no te impliques emocionalmente recibirás los mensajes de cómo actuar, y entonces se manifestará la luz.

LOS VEINTIDÓS SENDEROS DE MI IDENTIDAD

Vamos a emprender juntos este viaje. Estamos convencidas de que, cuando lo acabes, la persona que eres ahora no será la misma.

Estás a punto de dar un salto evolutivo que cambiará tu vida en positivo.

Ya tienes el primer ejercicio hecho, en el que has puesto todo lo que ahora eres y sientes y todo aquello que quieres cambiar. Si no lo has hecho todavía, ahora es un buen momento para hacerlo.

Los veintidós capítulos que siguen a continuación reflejan los veintidós senderos de aprendizaje. Te damos toda la información para que conectes, sientas, pienses y experimentes con ellos.

Son los que te ayudarán a conectar con lo más profundo de tu ser. Con ellos conectarás con tu identidad.

Cada capítulo lo encabeza una carta. Es la carta que hemos canalizado para trabajar dicho aprendizaje.

La baraja de cartas es el complemento para desarrollar más en profundidad y sacar el máximo partido a este libro, además de ser un oráculo que puede acompañarte durante toda tu evolución.

Cada capítulo contiene:

Una carta: la que representa cada sendero de aprendizaje. Con ella puedes meditar, interiorizarla y conectar con el sendero, y, si tienes el oráculo, puedes jugar y trabajar con ellas.

Un mantra: un conjunto de palabras de alto nivel vibracional para ayudarte a sanar y trabajar cada sendero. Puedes repetirlo tantas veces como desees cuando necesites relajarte, liberar tu mente, concentrarte en una tarea determinada o simplemente para dar fuerza a tu interior. Utiliza la fuerza de la palabra y el sonido.

Un color: cada sendero se representa con un color especial, su vibración cromática. Al final del libro encontrarás un listado cromático del Feng Shui de la ropa que te muestra el significado de la energía que te aportan los colores al utilizarlos en tu vestimenta. Además, si te evistes o llevas algo de color de un sendero en concreto, te beneficiará a la hora de trabajar y fluir con dicho sendero. Cada color te da unas herramientas fantásticas, restableciendo y equilibrando los campos sutiles de tu persona. Los colores nos afectan visualmente y alteran nuestro estado de ánimo, tanto en positivo como en negativo.

Un mineral: puedes llevarlo contigo, ponerlo debajo de la almohada o ponerlo en una botella de agua (si optas por esta modalidad deben ser minerales de cantos rodados) y beber su vibración. Recuerda limpiarlo con una infusión de salvia durante unos diez minutos antes de utilizarlo. Así estarás conectando también con el elemento tierra.

Una infusión: si te gustan las infusiones, te recomendamos una en cada capítulo, las cuales te ayudarán a elevar tu frecuencia y vibración energéticas para fluir con el sendero en concreto. Con ello conectas con el elemento agua.

La explicación del sendero: donde hacemos nuestra reflexión y nuestro consejo.

En el *Diario de mi identidad* encontrarás todos los ejercicios prácticos y de introspección relacionados con cada uno de los senderos, además de juegos y tablas para equilibrar los veintidós aprendizajes. Cada sendero tiene su meditación, con la que puedes trabajar la percepción inconsciente.

Se trata de meditaciones creadas especialmente por nosotras para que tengas un recurso más y puedas trabajar desde tu inconsciente. Puedes obtener todas las meditaciones en formato MP3 para escucharlas dónde y cuándo tú quieras en nuestra web.

Las meditaciones están pensadas para que hagas un recorrido por todas las áreas de tu vida. Puedes escoger la carta del aprendizaje adecuado para ti en cada momento y realizar una meditación concreta cuando necesites trabajar este punto o, si quieres hacer un trabajo más completo, hacer una meditación cada día.

Este esquema te ayudará a comprender la relación entre los Senderos y los planetas que abordamos a continuación.

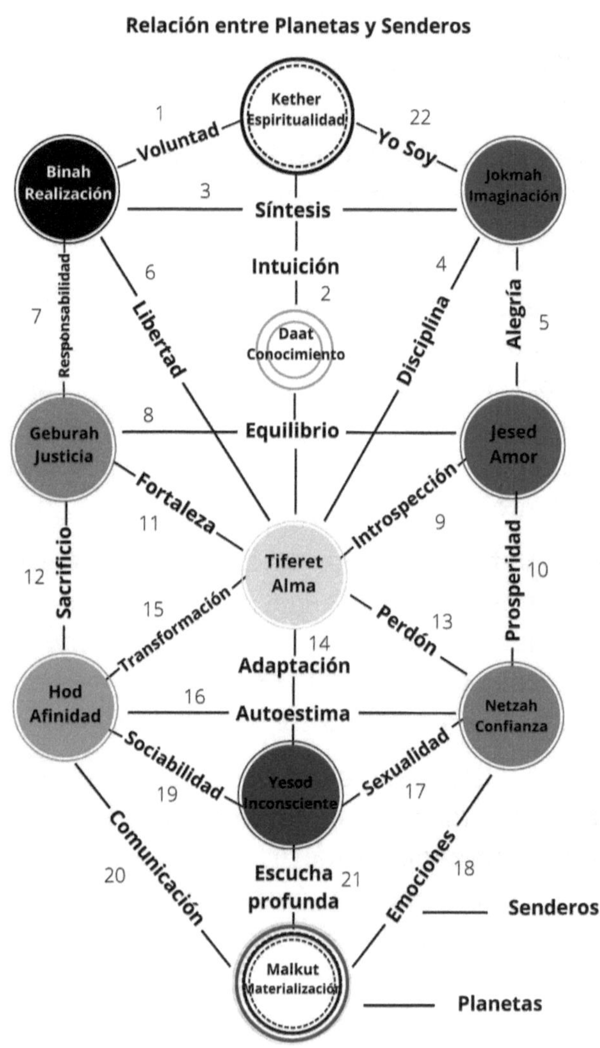

Los senderos representan los caminos por donde pasa tu energía, y los planetas dónde se concentra. Tu energía se distribuye de una manera única y personal y te marca qué sendero fluye o cual se bloquea. Esto se puede interpretar con el estudio de tu Árbol de la Vida. A continuación, abordamos cada sendero y cada planeta para que puedas identificarlos en ti. Observar si es un aprendizaje, algo a trabajar, si fluyen en tu vida o es un don. Es difícil llegar a dominar todos los senderos, pues tu energía marca una tendencia y así seguirá siendo durante toda tu vida. Se trata de potenciar al máximo tus cualidades y de trabajar y mejorar tus carencias. Llegar a aceptarte tal y como eres, entender que eres así por una razón y día a día ir trabajando y mejorando estas áreas más débiles.

Todo ello te llevará a la **ACEPTACIÓN** y **COMPRENSIÓN** de ti mismo y amar incondicionalmente este ser imperfecto perfecto que eres.

SENDERO I
VOLUNTAD
Yo Soy capaz, Yo tengo todos los recursos para tomar acción
y alcanzar
la felicidad

1

Voluntad

(Iniciativa, impulso, acción).

Color: Amarillo.

Mineral: Ágata.

Infusión: Cardamomo, Hinojo, Limón.

Es el sendero que te conecta con los comienzos. Te da voluntad de acción y te abre un canal para poder expresar tu fuerza interna y hacer un trabajo de crecimiento personal. Te da autosuficiencia, control y valor para enfrentarte a los problemas cotidianos.

«A nadie le faltan fuerzas, lo que a muchísimos les falta es voluntad».

Victor Hugo

El sendero de la voluntad une el planeta *Kether* (Espiritualidad) con *Binah* (Realización). Representa al iniciado, indica la capacidad de acción y te enseña que eres libre para elegir las distintas posibilidades de vida y crear tu propia realidad a partir de cada intención, pensamiento, sentimiento y emoción. En el planeta *Binah* están las formas geométricas, y en el planeta *Kether* el infinito, siendo el punto de contacto entre el mundo del infinito y el mundo de las formas. Asimismo, es el paso de lo inconsciente a lo concreto e indica también la ilusión, que viene de un lugar desconocido, pero que te permite vivir una serie de experiencias en el mundo de la materia. Por último, representa que, en el comienzo de todo proceso creativo, hay algo que no tiene forma, que es infinito, y a través de la voluntad se transforma lo concreto en específico.

- Voluntad de acción -

«Voluntad» significa la capacidad para decidir con libertad lo que deseas y lo que no. Es el deseo o la intención de dirigir la acción.

Utiliza el poder de tu mente para alcanzar la conciencia y así descubrirte a ti mismo y a la infinita fuerza y poder que hay en ti.

Te invitamos a conectar con tu conciencia para que llegues a descubrirte a ti mismo y ser consciente de que **puedes** transformar esta vibración. La energía fluye hacia donde diriges tu atención, así que debes aprender a conectarte y captar dónde pones tu energía.

Haz uso de la carta de La voluntad cuando necesites impulso extra. Te facilitará iniciar la acción ayudándote de tus recursos. Activa tu mente para sentir, pensar y pasar a la acción correctamente. Deja libre la mente de limitaciones y deja fluir la intuición.

Cuando algo te resulta costoso o cuando trabajas para lograr un objetivo, ya sea a corto o largo plazo (como puede ser bajar de peso, salir a correr o dejar de fumar), con frecuencia recurres a decir «No tengo fuerza de voluntad» para explicar tu falta de persistencia o el abandono de tus propósitos.

La fuerza de voluntad es el impulso interno que te lleva a vencer los obstáculos y lograr tus metas. Es una capacidad que se puede aprender, desarrollar, entrenar y reforzar a través de tu autocontrol. Primero, debes proyectar tus ideas. Así, activas una energía o fuerza interior de motivación. Consideras que hay un proyecto que vale la pena conseguir y estás dispuesto a sacrificarte por él.

La voluntad también se relaciona con el poder de elegir desde la conciencia, el sentimiento y la acción.

Algo elegido por propia voluntad no es obligado por un impulso externo.

La fuerza de voluntad es la capacidad de persistir en actividades, objetivos o conductas que no te aportan un beneficio inmediato, pero que, sin embargo, tendrán consecuencias positivas en el futuro y, precisamente por eso, te las propones. Te animamos a ordenar tus ideas, a coger fuerza y no desviarte de tu camino. Ten presente que todas las montañas cuestan de escalar, pero si no te rindes y superas todos los obstáculos en el camino, la satisfacción de llegar a la cima y ver los resultados de tu esfuerzo no tendrá precio alguno. Te convertirás en una persona más fuerte y responsable de tus metas. Y lo más importante, estarás activo en tu camino de evolución.

- Voluntad y deseo -

El deseo es la intención que mueve la voluntad de acción cuando sacas la suficiente fuerza de tu interior para alcanzar lo que quieres.

Primero, se crea un deseo y la ejecución de este es a través de la voluntad.

El deseo proviene del placer de las emociones, es una emoción que surge de un plano más ambicioso que el de tu ego; y la voluntad es un término más racional que emocional.

Los deseos son buenos siempre y cuando haya un equilibrio. Tener deseos te impulsa a tomar acción, a tener alicientes, a tener ambición. Pero no te frustres si no los consigues o no llegan en el momento que quieres que lleguen. Simplemente acepta que no es el momento o no es adecuado para ti.

Sé constante y confía en ti. Recuerda que se necesita acción para cambiar la situación. Con un buen plan de acción, llegarás a realizar todo lo que te propongas. La culpa es adictiva y te lleva al fracaso. Agradece tus errores, porque gracias a ellos obtienes experiencia. Todos nos equivocamos alguna vez, aprendemos a través de los errores y así vamos evolucionando. El perdón también te ayudará a salir de la rutina y hacer las cosas de otra manera.

SENDERO II
INTUICIÓN
Yo Soy luz, sabiduría, conexión en estado puro

2

Intuición

(Misticismo, confianza, conexión con tu propia verdad).

Color: Azul oscuro.

Mineral: Apofilita.

Infusión: Lavanda, Salvia, Menta.

Es el sendero que te aporta la vibración energética para conectar con tu sensibilidad, con tu propia verdad y con tu intuición para obtener una transformación interna. Además, te ayuda a aprender a seguir los pálpitos de tu corazón. En tu interior se encuentran todas las respuestas, y la intuición hace referencia al sexto sentido. Trabajar con este sendero te ayuda a estar más atento a las cosas sutiles y percibir los dictados de tu corazón.

«La intuición es el susurro del alma».

Krishnamurti

El sendero de la intuición une los planetas *Kether* (Espiritualidad) y *Tiferet* (Alma), representando la conexión directa entre lo absoluto y el ser. Concreta tu alma con el todo, la consciencia cósmica, la fuente o como cada cual prefiera llamarlo. Indica algo invisible, que no se puede ver. Asimismo, une lo terrenal con lo espiritual y representa el paso del mundo de la ilusión al mundo de la realidad, haciendo una toma de consciencia. A través de esta conexión, junto con la intuición, se equilibran polaridades. Tu ser trasciende la materia física, produciéndose la fusión con la totalidad.

- Intuición -

La intuición es una habilidad que se va adquiriendo a través de tu propia confianza y su práctica diaria.

Algunas personas tienen más desarrollada la intuición que otras, así que unas deben trabajarla más y otras la tienen como un don de nacimiento; pero todos, absolutamente todos, tenemos intuición.

Conectar con la intuición es mirar hacia dentro y escuchar desde tu interior. Olvídate de dudas. Si tienes dudas de lo que verdaderamente sientes o tienes miedo a lo desconocido, puedes crear una confusión interna y provocar un conflicto.

El conocimiento en ocasiones no proviene de lo racional, sino de una inteligencia intrapersonal, como una habilidad incapaz de explicar o verbalizar. Es la habilidad para percibir y comprender la realidad sin hacer uso de la razón, como un sexto sentido o una capacidad extrasensorial que en realidad todos tenemos, pero pocos la saben escuchar.

Para ello debes ser capaz de confiar en ti y en tu potencial, entrenarla y aprender a conectar con ese conocimiento interno que todos llevamos dentro.

Utiliza la imagen de este sendero cuando necesites aclarar un asunto, cuando busques respuestas o cuando necesites tomar una decisión. También puedes, a través de ella, activar tu intuición o conectar con tu propia verdad. Si confías en ti, llegará a tu vida lo que necesitas.

Cuando sientas una desconexión con tu parte intuitiva, puedes empezar a meditar un poco cada día. La meditación también te arraiga y te aporta estabilidad. Te ayuda a conectar con tu interior y con tu cuerpo, para encontrar respuestas, soluciones, ver la luz a un problema o entender por qué te sientes mal en determinados momentos.

La meditación también es el canal a través del cual te comunicas con tu cuerpo. Si llevas tiempo sin prestar atención a las señales de tu cuerpo, empieza haciendo un simple ejercicio. Recuerda un mal momento de tu vida y vívelo como si estuvieras ahí. Vuelve a sentir las sensaciones. ¿Qué sientes en tu cuerpo?, ¿qué te transmite? Quizás tengas un escalofrío, una sensación en el estómago… Luego haz lo mismo, pero recordando un buen momento en tu vida, y vuelve a observar tus sentimientos, tal vez percibas expansión o ligereza en el cuerpo. Pues ahí tienes las respuestas, estas son las señales que manda tu cuerpo, solo debes coger el hábito de escucharlas. Si aprendes a escuchar estas sensaciones en tu cuerpo, sabrás identificarlas al momento y actuar según sientes en vez de actuar desde la mente y los pensamientos. Entonces estarás siguiendo el camino que te dicta tu alma, lo que realmente quieres hacer, y los resultados serán plenamente gratificantes.

•Juego interactivo intuitivo

Vamos a hacer un *stop* antes de continuar con la lectura y empezar a conectar contigo mismo de una manera divertida.

Vas a realizarte tres preguntas. Este libro de conciencia va a darte las respuestas.

¿Jugamos?

Piensa en alguna situación difícil que puedas estar pasando o en la que te sientes estancado, algo que te preocupa o que te limita.

Ahora pregúntate:

• ¿Qué es lo que me está limitando en esta situación?

Cierra los ojos y respira profundamente. Cierra el libro e intuitivamente ábrelo por la página que sientas. El sendero o planeta al cual pertenezca la página te muestra aquello que consciente o inconscientemente te está limitando.

• ¿Qué debo trabajar para liberar esta situación?

Haz el mismo proceso que antes y encuentra la página que te mostrará lo que debes trabajar o interiorizar para sanar la situación.

• Por último, pide al universo una ayuda.

Cierra los ojos y céntrate en la situación. Pide al universo, a tu «Yo interno» o a quién tú sientas, que te brinde un empujón para transmutar la situación.

Vuelve a cerrar el libro y ábrelo utilizando la intuición. Verás lo que el universo te aporta en estos momentos. Experimenta durante los siguientes días cómo fluye esta energía y observa los cambios. Si tienes el juego de cartas, en cada sendero y planeta hay un mensaje inspirador, y puedes ampliar la información y buscar el mensaje que te transmiten según la página que has abierto.

SENDERO III
SÍNTESIS
Yo Soy la esencia de mi claridad mental

3

Síntesis

(Lógica, mente, pensamientos).

Color: Verde esmeralda.

Mineral: Turquesa.

Infusión: Verbena, Clavo y Melisa.

Es el sendero que te conecta con tu mente parlante, con tus pensamientos constantes. Tu voz interna. Te aporta la capacidad para poder sintetizar y ser más resolutivo. Te ayuda a poner orden en tu mente, pensamientos y lógica, y con ello materializar tus objetivos. Trabajar con este sendero te ayuda a encontrar el equilibrio en tus pensamientos para poder analizar y extraer lo mejor de cada situación.

«La lógica es el razonamiento con criterio».

El sendero de la síntesis une los planetas *Jokmah* (Imaginación) y *Binah* (Realización). Es la unión de la sabiduría y la inteligencia, espacio y tiempo, padre y madre. Unifica lo abstracto y lo concreto, energía y forma. El mundo de la imaginación es la primera fuerza que te permite crear. Primero imaginas, luego creas. El sendero une la capacidad de entendimiento que puedas tener de una idea o concepto todavía sin concretar, a partir del cual se debe empezar a desarrollar y dar forma.

- Lógica y capacidad de síntesis -

«Lógica» significa tener sentido común, capacidad para pensar, proceder, actuar y tomar decisiones de forma acertada entre las diferentes alternativas. Todo ello con el razonamiento de una idea coherente y sin contradicciones.

La capacidad de análisis y síntesis te permite simplificar lo que te ocurre para poder ser más eficiente o encontrar una mejor solución.

Utiliza la capacidad de síntesis para poder llegar a la esencia de las cosas. Encuentra el equilibrio entre la lógica y tu intuición para identificar lo que realmente es necesario en tu vida.

Aprender a sintetizar te ayuda a mantener la mente clara para no provocar un parloteo mental, pues el parloteo mental provoca la incapacidad de asociar ideas, te bloquea y no puedes pensar con claridad.

Si continuamente le das vueltas a la cabeza sobre un mismo asunto, es cuando el cuerpo somatiza, produciendo dolores de cabeza, migrañas y, llevado al extremo, la locura.

Una buena síntesis es comprender bien el problema para poder discernir lo que es importante de lo que no lo es.

Acostúmbrate a analizar las situaciones. Cuando te sientas desbordado por algo en concreto, párate y observa.

Para alcanzar el equilibrio debes hacer un análisis de lo vivido y quedarte con lo que te enseña. Pregúntate: «¿Qué tengo que aprender de esta situación?». Cuando lo comprendes y lo aceptas, entonces puedes avanzar en el problema.

- La mente -

Vivimos centrados en lo que nos dice aquello que consideramos nuestra mente. Y precisamente esta es la que está llena de creencias, valores, aprendizajes y patrones heredados.

Son estos pensamientos los que te pueden llevar a desarrollar estados de ánimo poco efectivos y generar un gran malestar interior. De este modo, sigues sus reglas sin ser consciente de ello, ya que, para ti, tu pensamiento es un reflejo de la realidad.

Los pensamientos limitantes al final acaban dominándote y haciéndote perder el control sobre ellos. Es importante aprender a detectar las emociones causantes de que se activen este tipo de pensamientos, ya que, al identificarlas, puedes controlar tu parte pensante y no dejar que te limiten en tu vida.

¿Te has dicho alguna vez?

- YO NO VALGO

- YO NO PUEDO

- YO NO MEREZCO

- YO NO SABRÉ

- SOY INCAPAZ

- ES IMPOSIBLE

- NO ES CORRECTO

Este tipo de frases son las creencias que se han desarrollado en tu pensamiento a través de tus patrones limitantes. Ante una situación de aparente riesgo para ti, confrontándote con tus limitaciones, tu mente te avisa para que no procedas a tomar la acción, actúa como protección, previniendo, ya que la mente siempre va más allá.

El pensamiento responde según tus emociones y, dependiendo de estas, actuarás de una manera o de otra. Por ello, muchos bloqueos mentales proceden de situaciones vividas desagradables para uno mismo que no han sido trabajadas.

Recuerda que tienes más poder de lo que crees sobre ti mismo. Intenta modificar tus pensamientos y aprende a tener un control más consciente sobre ellos. No hagas caso solo de tu mente, busca un equilibrio entre tu pensamiento y tu emoción.

El siguiente esquema refleja tu conducta como resultado de tus creencias.

A partir de tus creencias se generan unos pensamientos automáticos que activan unas emociones concretas. Dependiendo de cómo gestionas estas emociones surge tu modo de actuar.

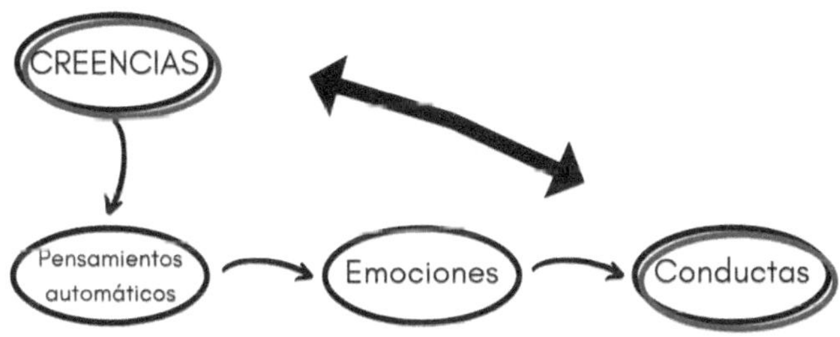

SENDERO IIII
N
O
E
S
DISCIPLINA
Yo Soy carisma, perfección, organización perfecta en mi vida

4

Disciplina

(Orden, autoridad, autocontrol, exigencia).

Color: Rojo escarlata.

Mineral: Turmalina Roja.

Infusión: Albahaca, Jengibre, Pimienta negra.

Es el sendero que te conecta a tu disciplina interna. Te da el poder de poner orden y control a tu vida y conectar con una exigencia controlada para un autocontrol sano. Trabaja el concepto de unidad. Te ayuda a mantener el rumbo, tomar una dirección y no desviarte del camino. También a tomar conciencia de tus potenciales, y te da fuerza de poder y autoridad.

«Los sueños no se conquistan con suerte, sino con propósito, decisión y disciplina».

El sendero de la disciplina une los planetas *Jokmah* (Imaginación) con *Tiferet* (Alma). Padre e hijo. Representa el orden y la disciplina a nivel interno. Recoge todo el poder y control de la geometría y las matemáticas y pone orden al caos. Su arquetipo, el emperador, es el que controla el universo, el que da equilibrio a los cuatro elementos y a tu cuerpo. Es un sendero de autoexigencia, disciplina y perfeccionamiento personal.

- Disciplina -

La disciplina es una habilidad que requiere una práctica diaria. No naces con disciplina, es un comportamiento que se va aprendiendo a medida que pasan los años.

Hablamos siempre de la disciplina interna, no de la externa. Nos referimos a disciplina interna como toda exigencia no proveniente del entorno, sino de tu persona. La sociedad en la que vivimos nos exige seguir unas normas, unas leyes para una convivencia mundial, pero la disciplina interna es aquella que necesitas para que tu energía, tus emociones y tu sentir fluyan en equilibrio y armonía, para que alma y cuerpo físico funcionen en concordancia con el universo.

Para obtener una disciplina interna sana y ser dirigente de tu vida debes ser el líder de ti mismo. Primero, debes amarte incondicionalmente y tener muy claro que la lucha interna no lleva a ningún lugar. No te dejes influenciar por tu entorno ni por las ideas de los demás. Se necesita una confianza hacia tu persona incondicional. Tú tienes la sabiduría suficiente para tomar tus decisiones, para saber lo que necesitas y lo que es bueno para ti, y tienes la capacidad para estudiar, informarte, formarte y cuestionarte. Primero aprende y luego valora.

Equilibra tu autoexigencia. Mantén un autocontrol. No seas tu propio jefe, sé tu mejor aliado. Exígete ser mejor, enfócate en superarte a ti mismo y no en superar a los demás. Piensa que cada uno tiene su ritmo. Ser exigente contigo mismo te hace mejorar, siempre que esté dentro de unos límites, y sabrás cuándo superas estos límites de exigencia en el momento en que empieces a sentirte agotado, agobiado o estresado ante una situación. Entonces baja la exigencia. Pon orden y empieza por el uno, que luego vendrá el dos.

Una parte fundamental en cuanto a la disciplina es el orden. Cuando sabes poner orden todo fluye mejor. Piensa por un momento en cuando acabas un día de limpieza en casa y todo está en su sitio, ¿qué sensaciones te transmite? Incluso se respira otra energía, ¿verdad? Cuando tu entorno fluye en orden y tienes control de ello, empiezas a poner orden en tu vida.

Como consejo, sé consciente de tus debilidades. Busca maneras de concentrarte y elimina tentaciones. Establece metas claras y precisas. Pon orden y marca los pasos que debes dar para alcanzar estas metas. Empieza por crear hábitos simples y, sobre todo, no te exijas más de lo que puedes dar. Elimina los obstáculos inconscientes. No te límites y piensa:

«YO PUEDO».

La disciplina sana es aquella equilibrada, que se aleja de los extremos opuestos. En un extremo encontramos la disciplina permisiva, la que no cumple los límites establecidos, o se aplica de una manera poco clara. En el otro extremo se sitúa la disciplina controladora, la que es demasiado exigente y autoritaria, desbordándose y provocando miedo o inseguridad.

Como siempre recalcamos, el equilibrio es en el punto donde debes permanecer. Una disciplina equilibrada es aquella que es firme y a la vez amable. Estamos hablando de una disciplina positiva, que siguen unos criterios de habilidades sociales, sentido de pertenencia y herramientas para el crecimiento personal y grupal, que conllevan resultados favorables para todos

- Mando y autoridad -

Este sendero trabaja también la capacidad de mando y la autoridad en sí. Mandar es como llevar el timón de un barco, y todo proceso necesita de un capitán que lleve el control de este timón. En una familia este capitán son los padres. En el trabajo, el capitán es el jefe o encargado. En una clase es el maestro. Estas personas que ejercen el control de la situación tienen bajo su responsabilidad el llevar un orden de actuación, marcar unas normas y unos límites sanos para llegar a un fin.

Este orden de mando debe ser siempre desde el respeto, la igualdad, la cercanía, la comprensión y con una buena comunicación, si no es cuando se forman tiranías y escalones de preferencia o inferioridad, creando patrones limitantes.

Puedes llegar a ser un capitán respetado y querido tratando de igual a igual o un capitán solitario en su timón navegando a través del egoísmo y modales de superioridad sin llegar a alcanzar tus objetivos.

Recuerda que se gana más no por la fuerza y la imposición, sino por la inteligencia, el respeto y la comprensión. Cuando das y tienes a tu tripulación satisfecha, se nota, y los resultados son mucho más positivos y satisfactorios para todos.

SENDERO V
ALEGRÍA
Yo Soy ilusión, pasión y euforia interior

5

Alegría

(Placer, ilusión, disfrute, gratitud).

Color: Anaranjado vivo.

Mineral: Citrino.

Infusión: Tomillo, Menta, Violeta.

Este sendero te conecta con el aprendizaje de la alegría y el disfrute de la vida. Te proporciona conexión con tu niño interior. Te aporta la capacidad de recibir alegría y gratitud universal. Trabajar con este sendero te ayuda a enfrentar tu día a día con más alegría, a aprovechar los pequeños detalles que te ofrece la vida y a vivir con gratitud.

«La alegría es de uno: el placer de las cosas».

Piterbarg

El sendero de la alegría une los planetas *Jesed* (Amor) con *Jokmah* (Imaginación). Une la sabiduría con la misericordia y representa un acto de amor incondicional. Este sendero guarda relación con ser capaz de compartir con los demás aquello que sabes a través de un lenguaje y conocimiento espiritual. Aquí se encuentra la conexión con tu niño interior, el que te hace disfrutar de todas las pequeñas cosas que la vida te ofrece. Es la capacidad de maravillarte e ilusionarte. Se trata de conectar lo de abajo con lo de arriba.

- Alegría -

La alegría es un estado de ánimo, una emoción o un sentimiento de placer producido por un suceso favorable que te provoca felicidad, haciéndote sentir pleno y con una sensación agradable y placentera. Asimismo, te aporta tranquilidad, bienestar y paz interior.

La alegría no es otra cosa que la actitud con la que enfrentas tu día. Persíguela día tras día para sentirte pleno. La alegría te vuelve más productivo y lleno de vitalidad, incrementando tu fortaleza. Además, te hace ser más optimista y te ayuda a ver la vida de colores, con sentido. Focalízate en tus objetivos para poder alcanzar la satisfacción personal.

Debes hacer de la alegría una virtud, sin dejar que nada te perturbe lo suficiente para decaer en la tristeza, en el miedo o en el enfado.

Vivir desde la alegría no quiere decir que todo esté bien a tu alrededor. Es más bien una forma de convivir con lo bueno y lo malo de la vida. Permítete aprender y disfrutar de los pequeños placeres que te ofrece el universo. Busca emociones placenteras y alcanza tu propio bienestar. Esta emoción se puede cultivar, desarrollar y multiplicar.

Dejas de atraer cosas buenas a la vida cuando dejas de creer en la alegría. Corrigiendo el autocastigo y las imposiciones es como aparece la espontaneidad, y con ello la capacidad de disfrutar. Hay personas que son infelices teniéndolo todo, mientras que otras celebran la vida inclusive con sus adversidades.

«De cada cual depende la elección de la actitud personal ante un conjunto de circunstancias».

Viktor Frankl

La vida está llena de infinitas posibilidades, y aun en los momentos más difíciles siempre hay ocasión para la alegría; todo depende de cómo focalizas tu mirada interna.

Hay que destacar que no es lo mismo alegría que placer; el placer es momentáneo a causa de una satisfacción ante una necesidad cubierta, y su principal causa es el vacío, mientras que la alegría es cuestión de actitud, un reflejo de paz interior.

Agradece todo lo que tienes y aléjate de carencias y quejas. Aprender a tener una relación correcta con el agradecimiento, reconocer todo lo que has conseguido, todo lo que tienes y dejar a un lado lo que no tienes te trae paz y felicidad.

Para poder alcanzar la alegría debes sacar el niño que llevas dentro y dejar atrás el sentido del ridículo y los prejuicios (el qué dirán), para así poder también disfrutar de todo aquello que te gusta hacer. Debes encontrar momentos para dejar las responsabilidades en segundo plano, aprovechar el lado divertido de la vida y salir, jugar, celebrar, dibujar, bailar...

La alegría reside en el presente. Para conectar con esta emoción practica el «estar presente en cada cosa que hagas», como en una simple acción, como es leer este libro, cocinar o mirar la televisión. En vez de dejar que la mente fluya a su gusto mientras llevas a cabo una acción, céntrate y disfruta del momento. Incluso en el trabajo o en situaciones en las que aparece la pereza. Disfruta cada segundo de tu vida. No pienses en más adelante o en lo que harás después. Busca lo bueno de cada situación y de cada momento.

La alegría está conectada directamente con tu niño interior. Este no es más que tu recuerdo de la infancia almacenado en tu inconsciente. Estos recuerdos pueden ser sobre experiencias positivas o negativas, y ello se refleja en tu persona adulta. En este capítulo queremos centrarnos en la inocencia de este niño interior. Un niño vive desde la atención plena, la alegría constante, las ganas de soñar y de ilusionarse. Cuando te desconectas de él te quedas sin motivación.

Conecta y deja que este niño brille en ti. Permítete escucharlo y no lo ignores. Él te ayudará a conectar con la alegría. Conectar con una foto tuya de pequeño es el inicio para reconciliarte y reconectarte con tu "Yo" de la infancia.

- El cuarteto de la felicidad -

A lo largo de la vida muchos investigadores han centrado sus estudios en encontrar la fórmula de la felicidad. Nosotras te hemos explicado en qué consiste y cómo llegar a experimentar la felicidad real. Sin embargo, desde el punto de vista físico, se puede estudiar la felicidad como un proceso biológico, entender qué sucede en el organismo cuando experimentas emociones y sentimientos de felicidad y como reforzarlo.

Existen cuatro sustancias en el cerebro que son las generadoras de sentimientos de bien estar y con ello la sensación de felicidad.

Las endorfinas ayudan a enmascarar el dolor físico. Se activan como respuesta a sensaciones de dolor y estrés. Cuando experimentamos placer estas sustancias se multiplican.

La serotonina es la hormona del humor. Es un neurotransmisor de bienestar y felicidad relacionada, en gran parte, con el estado de ánimo. Es la responsable de amar, ser fiel, compasivos y amables.

El sentimiento de soledad, tristeza o la depresión son algunas de las respuestas a la ausencia de la serotonina.

La oxitocina es denominada la hormona del amor y los vínculos emocionales. Es el compuesto principal para obtener confianza, placer, bienestar. Necesaria para desarrollar relaciones emocionalmente sanas. Influye en diversos aspectos de tu vida como el parto, la lactancia, el sexo o la vida social.

La dopamina es la mediadora del placer. Puede ser la responsable de sentimientos como el amor y la lujuria, pero también puede serlo de las adicciones. La dopamina influye en la memoria, procesos cognitivos, toma de decisiones, la motivación, la creatividad, satisfacción y la curiosidad. Conocer los niveles de dopamina puede ayudar a entender la personalidad. Cuando uno es extrovertido o introvertido, cobarde o valiente, seguro o inseguro.

A continuación, te mostramos un esquema con algunas de las maneras naturales para activar estos cuatro químicos de la felicidad. Actos que, sin duda, son imprescindibles para sentirte bien con tu cuerpo físico, equilibrar tu estado mental y emocional y mimar y cuidar tu interior, encontrando así **la armonía, la paz interior y la** *felicidad real*.

DOPAMINA

- Tomar el sol
- Dormir bien y descansar
- Celebrar retos cumplidos
- Actividad física
- Escuchar música

OXITOCINA

- Pensamientos positivos
- Abrazos
- Comer chocolate
- Llorar
- Ser generosos
- Meditar
- Apoyo emocional

SEROTONINA

- Agradecer
- Recordar buenos momentos
- Tomar el sol
- Dieta rica en omega3 y triptófano
- Evitar bebidas estimulantes
- Hacer ejercicio
- Dormir bien

ENDORFINA

- Reír
- Bailar
- Practicar Hobbies
- Comer picante
- Practicar sexo
- Tomar ginseng
- Ejercicio físico

SENDERO VI
LIBERTAD
Yo Soy la capacidad de decisión y elección.
Amor
de creación

6

Libertad

(Desapego, renuncia, elección, independencia, libre albedrío).

Color: Anaranjado medio.

Mineral: Cuarzo rosa.

Infusión: Lavanda, Hinojo, Milenrama.

Es el sendero que te conecta con el aprendizaje de elección. Te aporta independencia, asumiendo la responsabilidad de renunciar a todo aquello que no entre en tus planes, por muy tentador que te pueda parecer, o no sea la opción más adecuada para tu proceso de evolución.

«El origen del sufrimiento es el apego, que crea la ilusión del ego».

Buda

El sendero de la libertad une los planetas *Binah* (Entendimiento) con *Tiferet* (Alma). Tiene que ver con el amor, la armonía y la belleza, y aquí se prepara y se ajusta la personalidad. Representa la elección, el libre albedrío y la renuncia, trabajando de esta manera el desapego emocional. Hace referencia a la madre *Binah* y el hijo *Tiferet*, y refleja el cordón umbilical que debe ser cortado para separar el hijo de la madre y permitir su vida independiente.

Trabajar con el sendero de la libertad te ayuda a conectar con tu conciencia para tener la capacidad de decidir cuál es el mejor camino que escoger de forma independiente y madura en momentos puntuales de tu vida. Te aporta la capacidad de desligarte poco a poco de tu núcleo familiar para poder así tomar tu propio camino.

En la vida te encuentras en momentos críticos entre dos caminos que elegir. Debes seguir la voz de tu corazón. Cuando actúas con amor tomas la decisión correcta. El objetivo de la evolución es la renuncia de una opción para seguir el camino elegido y salir de la dualidad. Busca siempre tu calidad de vida.

Aquí el aprendizaje es restablecer y poner a prueba tu seguridad.

Si el camino elegido no sale como pensabas, significa que tenías que pasar por él para aprender y evolucionar. Si no te fue bien, no pasa nada, vuelve a empezar, y no dejes a otros tu propia capacidad de decisión y elección. No te rindas, pero recuerda que, si persistes en un camino y este no fluye, no te transmite buenas vibraciones o te produce malestar, significa que no es para ti.

- Libertad -

Es el derecho de pensar y elegir de manera responsable tu forma de actuar y la toma de decisiones sin ser sometido a la voluntad de otro, sin perjudicar a los demás. Esta libertad personal te lleva a ser tú en tu totalidad, a creer en ti y actuar según tus valores y tus inquietudes en la vida.

A veces este sentimiento de libertad se esconde bajo el miedo a la soledad. Ser libre espiritualmente significa no depender de nadie, vivir tu vida contigo mismo. Puede haber muchas personas a tu alrededor, pero cuando entras en introspección estás tú solo contigo mismo. Cuando tienes baja autoestima o no crees en ti, puedes tener la necesidad de buscar opiniones externas, ayudas o incluso que alguien te diga lo que tienes que hacer para poder seguir adelante. En estas situaciones estás siendo esclavo de otros dejando tu libertad a un lado sin darte cuenta.

Lo que te va a llevar a sentir la libertad espiritual es poder permanecer momentos contigo mismo, tener estos instantes de desconexión con tu entorno y adentrarte en tu interior, confiar y creer en ti.

- Apego y desapego -

El apego es el estado emocional de dependencia de una cosa, situación o persona, así como el miedo a la pérdida y al sufrimiento.

Por el contrario, el desapego es la capacidad de independencia sin la necesidad de dependencia hacia nada ni nadie. Perder el miedo a la equivocación y sentirte libre. Es vivir sin necesitar. Solo así surge la opción de crecer y avanzar con conocimiento de causa. Sé responsable de ti mismo. Nadie tiene la culpa de lo que te ocurre, y esto implica valentía. Nada perdura eternamente.

Cuando generas vínculos de apego, somatizas efectos tales como angustia, ansiedad, estrés, ira, frustración, decepción, tristeza o depresión.

- Renuncia -

Para poder avanzar, en ocasiones la vida te pone a prueba. Renunciar es no aferrarte a nada ni a nadie. Retener lo que no funciona no te deja avanzar, no dejas opción a nuevas oportunidades.

«Escoger un camino significa abandonar otros. Si pretendes recorrer todos los caminos posibles acabarás no corriendo ninguno».

Paulo Coelho

Trabaja con este sendero cuando necesites tomar una decisión. Te ayudará a coger fuerza y valentía para pasar a la acción. Recuerda que quien no arriesga pocas ocasiones tendrá de ganar y alcanzar una mejor vida.

Si quieres conseguir sueños o metas grandes, debes agrandar tu zona de confort, y esto solo se consigue saliendo de ella para hacerla crecer. Pruébalo, arriésgate. ¿Qué puede salir mal?

Tú eres el dueño de tu futuro.

Haz frente a tu mente. Ella puede influenciarte negativamente. Recuerda que la mente puede ser tu gran aliada o tu peor enemiga. Cuando te invada la preocupación, enfócate en una situación pasada de preocupación. ¿Cómo se resolvió? ¿Qué piensas sobre ello ahora, tras el paso del tiempo? ¿Te has reído alguna vez de una situación difícil de tu pasado? En aquellos momentos podías sentir miedos, dudas…, sin embargo, hoy te estás riendo de ello. Esto refleja que la preocupación no sirve de nada. Entonces, las preocupaciones que tienes ahora mismo tampoco sirven de nada.

Los pensamientos y las preocupaciones no son permanentes, cambian continuamente, al igual que las emociones.

Si algo tiene solución, ¿por qué preocuparse? Y si no tiene solución, ¿de qué sirve preocuparse?

Enfoca tu energía en encontrar una solución, no en la preocupación, haciendo más difícil y costoso el aprendizaje.

- Libre albedrío -

Todos tenemos la capacidad de elección para tomar cualquier decisión sin ninguna obligación externa. Esto es el libre albedrío. Cada persona tiene la responsabilidad de sus decisiones y acciones, y gracias a este libre albedrío puedes optar entre varias opciones para llevar a cabo la que creas más adecuada u oportuna en cada circunstancia.

Cada elección depende del conocimiento que tengas en este momento en función de tus ideas o sensaciones. Si se entiende el destino como fuerza o poder sobrenatural que marca tu camino sin poder ser evitado, entonces hablamos de acontecimientos inevitables. No es azar, sino que detrás de ello hay un cometido, una *causalidad* predestinada en la que nada es casualidad. Entonces, ¿estás sometido al destino?

Somos seres individuales y cada persona se mueve por su historia personal, con la capacidad de escoger entre varios caminos y siendo consecuente de los resultados. También es cierto que muchas cosas que suceden a tu alrededor no están a tu alcance de elección y van marcadas por el destino.

El destino y el libre albedrío conviven e interactúan y se complementan mutuamente.

El libre albedrio es un derecho personal. Pero debes saber utilizarlo correctamente a tu favor y que no se vuelva en tu contra.

Si tu mente se desconecta del corazón, del alma y de la fuerza interior, no contará con su ayuda y actuarás desde el pensamiento automático. De este modo tus elecciones serán escogidas sin sabiduría y traerán dudas en tu camino.

Por otra parte, si tu mente está conectada a estos elementos, contará con su ayuda transmitiéndote la realidad y llevándote a unas conclusiones concretas. Estas te darán la capacidad de elegir con sabiduría y convicción para seguir tu camino sin dudar y con total seguridad.

SENDERO VII
RESPONSABILIDAD
Yo Soy organización, Yo Soy responsable de
mi   vida

7

Responsabilidad

(Perfeccionismo, compromiso, deber, obligaciones).

Color: Anaranjado claro.

Mineral: Cuarzo ahumado.

Infusión: Verbena, Salvia, Menta.

Es el sendero que te conecta con el aprendizaje de adquirir obligaciones. Te ayuda a comprometerte y responsabilizarte de tus acciones. Te da fuerza de superación personal y liberación de carga mental.

«La cualidad que tienen todas las personas exitosas es la habilidad de tomar responsabilidad».

Michael Korda

El sendero de la responsabilidad une los planetas *Geburah* (Justicia) con *Tiferet* (Alma). Relaciona severidad con entendimiento y te habla de responsabilidad, trabajo y ambición. Asimismo, representa *Mercabah* (*carro* en hebreo), el vehículo ascendente, el cuerpo de luz que te va a ayudar a viajar por todos los cielos y dimensiones del espacio. Hace referencia a los cuatro cuerpos del ser humano: físico, etéreo, emocional y mental. Pero más allá de estos cuatro cuerpos, existe el guerrero, el cuerpo de luz. *Geburah* representa las leyes del karma. El conductor del carro persigue un objetivo y todos los objetivos residen en el futuro. Se requiere entonces la intervención del tiempo para llevarlos a cabo. El tiempo aparece en *Binah*, planeta al que se dirige este sendero. El tiempo pone límites a la acción que realizar, pues la vida humana es limitada. Así se refleja la responsabilidad que tienes en cuanto a cómo empleas tu tiempo.

- Responsabilidad -

La palabra «responsabilidad» proviene etimológicamente de la palabra «respuesta». Una persona responsable es aquella que toma una decisión libremente y, a continuación, responde a sus consecuencias. Así pues, la responsabilidad es la cualidad y el valor de ser consecuente de tu conciencia y valorar cómo establecer y afrontar tus acciones y decisiones.

No existe la culpa. Autoculparse o buscar un culpable es un error que nos han inculcado generación tras generación. Lo que sí existe es la capacidad de aceptar y asumir la responsabilidad de tus actos. Tampoco sirve de nada buscar la culpa de lo que te sucede en algo o alguien externo. Debes aceptar que todo lo que dices, haces o piensas tiene una consecuencia, y esa consecuencia es tu responsabilidad.

«Eres responsable de tus elecciones, de tus errores y de tus éxitos».

Ser responsable no tiene que ver con la autoexigencia. Puedes ser exigente contigo mismo, querer superarte, hacer mejor las cosas y ser mejor como persona, pero si te exiges demasiado puedes provocarte un conflicto interno y desmotivarte. Te puede bajar la autoestima e incluso provocar que te frustres contigo mismo y vivas en un estrés continuo.

A veces te puede colapsar el deber, todo aquello que hace referencia a las obligaciones. Estas son actividades o acciones que no puedes eludir, por ejemplo, ir a trabajar o llevar a tus hijos al colegio, pero es tu deber porque forman parte de tu responsabilidad. Las responsabilidades pueden ser por deber o por voluntad.

Debes de autocomprometerte. Firmar un compromiso contigo mismo que puedas cumplir, que no sobrepase tus límites, con coherencia y claridad. Los compromisos no dejan de ser obligaciones adquiridas o impuestas con conocimiento previo. De igual modo, la responsabilidad también se refiere a la implicación en una actividad concreta o un proyecto.

Adquiere el compromiso de responsabilidad hacia ti mismo. Responsabilizarte de tus actos te permite ser consciente de lo que dices y haces, de cómo empleas tu tiempo y tu energía. Tú tienes el poder de decidir lo que quieres ser y lo que quieres hacer con tu vida. Sé responsable de tus actos y de tus elecciones libres y no condicionadas por nada ni por nadie, ni mucho menos por la sociedad o tu núcleo familiar o sentimental. Lejos de la prepotencia, el egoísmo o la mala educación, siéntete firme y seguro de lo que quieres o no hacer, y sé fiel a ti mismo en cada momento, sin que la opinión de los demás cambie tus decisiones de lo que quieres hacer y de lo que no. Libérate, no debes satisfacer a todo el mundo, debes satisfacerte a ti mismo.

La felicidad se alcanza a través de un trabajo interno. La vida es lo que tú proyectas. Si tienes responsabilidad, tienes la capacidad de cambiar para mejorar. Una opción para ello es ver la vida con otros ojos. Mira primero por ti, siempre y cuando hagas el bien para ti y para los demás, sin perjudicar a nadie.

«Coge las riendas de tu propia vida».

- Conciencia moral -

La conciencia moral es un aspecto interno que se origina a través de la valoración de tus propios actos. Es aquella voz de tu interior que te dice si es correcto o no la forma de actuar. También se refiere a tu propia libertad de elección.

Es el proceso de introspección en el que el ser humano es capaz de analizar su actitud y su modo de actuación. Se activa la conciencia moral cuando evalúas tus acciones realizadas y te responsabilizas de ellas, valorando si son dañinas o no tanto para ti como para los demás teniendo en cuenta los riesgos que pueden aparecer en el camino.

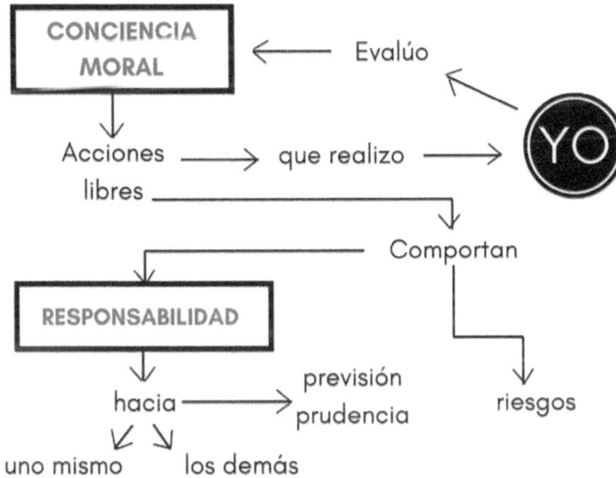

SENDERO VIII
EQUILIBRIO
Yo Soy unidad, ley universal, unión de polos opuestos

Equilibrio

(Límites, leyes, justicia).

Color: Amarillo verdoso.

Mineral: Cornalina.

Infusión: Vainilla, Verbena, Violeta.

Es el sendero que te transmite un equilibrio interno. Te ayuda a trabajar el equilibrio entre extremos y el autoconocimiento de tus propias leyes y de tu justicia.

«Para conservar el equilibrio debemos mantener unido lo interior y lo exterior, lo visible y lo invisible, lo conocido y lo desconocido, lo temporal y lo eterno, lo antiguo y lo nuevo».

John O'Donohue

El sendero del equilibrio une los planetas *Geburah* (Justicia) con *Jesed* (Amor). Este sendero fluye permanentemente en ambas direcciones en un flujo constante entre expansión y limitación, misericordia y rigor, amor y justicia, y representa, además, la balanza del equilibrio entre la severidad y la misericordia.

- Equilibrio -

Seguramente has escuchado alguna vez la frase «los extremos no son buenos» o «todo en exceso es malo». Cuando una situación de tu vida se descontrola es porque sin darte cuenta te estás situando en uno de los extremos. Te cierras en banda enfocando tu mirada interna solo en este extremo. Muchas veces para salir de la situación te trasladas de golpe al extremo opuesto, y te parece que así vas a solucionar la situación. Sin embargo, lo único que consigues pasando al otro extremo es estar en la misma situación, pero en el lado opuesto.

Una de las enseñanzas de la Cábala es la búsqueda del equilibrio en todo.

Para conseguir un equilibrio debes marcar unas pautas, unos límites y tener clara tu propia justicia.

En nuestras sesiones y terapias nos encontramos con muchas personas que no saben poner límites a una situación o a otra persona. Se trata de una tarea bastante común y que trae consigo muchos problemas.

La vida misma te pone ante situaciones difíciles, abusivas, tanto físicas como mentales, para que conozcas cuáles son tus límites, y una vez que los conoces, las situaciones abusivas terminan.

Para saber poner límites y reflejarlos en el exterior primero debes saber cuáles son tus límites internos.

A veces estos límites los debes marcar diciendo «no». Aprender a decir «no» es uno de los aprendizajes más difíciles a los que se enfrentan muchas personas, sobre todo, cuando hay una autoestima débil. Aprender a decir «no» significa ser libre para hacer las cosas que deseas hacer sin importar lo que piensen los demás y sin dejarte llevar por la culpabilidad.

Cuando evitas decir «no» es por el miedo a enfrentarte a situaciones desagradables o por el miedo a decepcionar. En estos momentos estás actuando desde el «Tú» y no desde el «Yo», desconectándote de tu esencia. Encuentra el equilibrio entre el sí y el no.

A veces puedes llegar a una situación límite porque no has sabido decir «no» desde el principio, y poco a poco generas situaciones mucho más conflictivas que si hubieras dicho que no educadamente desde un primer momento. El resultado hubiera sido muy distinto.

Saber decir «no» es un acto de responsabilidad que te puede llevar a un mejor bienestar y calidad de vida. Te libera, te ayuda a reafirmarte y sentirte mejor.

Atrévete. Si te encuentras en una de estas situaciones, siéntate y habla de cómo te sientes y de tus inquietudes. Aunque ya lleves tiempo en esta situación, nunca es tarde. Y atreverte a hacerlo te enseñará que puedes, sacarás este valor que tienes. Además, habrás aprendido una lección y cogerás fuerzas para que esta situación no se repita.

Con estas acciones estarás reforzando el respeto hacia ti mismo, hacia tu persona, reforzando así tu auto-estima.

"Aprendizaje vivencial"

Historia personal de Laia.

«Valorarte es no sobrepasar tus propios límites».

Laia Pastor

Esta mañana, al levantarme de la cama y salir de mi habitación, me ha deslumbrado una luz hermosa. Me he asomado a mi terraza y he pensado: «¡Qué día más bonito me espera!». Llevábamos unos días nublados de invierno, y supongo que después de tantos días grises y oscuros se agradece que salga el sol otra vez. Es como todo en la vida, después de una gran tormenta siempre vuelve a salir el sol.

Es curioso, porque con estas sensaciones tan agradables que me transmite el nuevo día me he inspirado para hablar sobre una de las épocas más difíciles de mi vida.

He vivido algunas experiencias duras a lo largo de los años. Bloqueos energéticos, reflejados en mi Árbol de la Vida, que se han transformado en vivencias de sufrimiento para aprender a superarlas, desbloquearlas y, a la vez, sacar todo mi potencial. Por ello le doy las gracias. No al sufrimiento en sí, sino que agradezco las situaciones y las personas que, en su momento y para mí, eran despreciables. He entendido que fueron mis maestros de vida y, gracias a todo ello, soy la persona que ahora soy, más fuerte, evolucionada y sabia.

Si pienso cuál de mis bloqueos o aprendizajes de vida ha sido el más duro, no te lo sabría decir. Cada uno me ha despertado unas emociones concretas y me ha impulsado a luchar de maneras muy distintas.

Una etapa especialmente difícil en mi vida, supongo que también por el momento en el que ocurrió, fue a los doce años; una época de transición en la que dejé una etapa infantil para empezar la adolescencia, experimentar cosas nuevas, comprender el funcionamiento de la vida, experimentar cambios hormonales... En ese momento de mi vida sufrí *bullying*.

Una palabra que hoy en día todo el mundo conoce, pero que en aquel entonces no existía. No existía esta palabra, pero sí el acto en sí y todo lo que ello conlleva. Sufrí *bullying* psicológico e incluso físico.

No entendía qué era lo que había hecho yo para que esas personas evadieran su aburrimiento jugando conmigo. ¿Era culpa de mi timidez?, ¿de mi imagen todavía algo infantil? No lo sé, era como si tuviera un imán que atraía ese tipo de personas a mi vida.

Es curioso porque, pasados los años, cuando he hablado abiertamente de ello con algún compañero de entonces o incluso con mi familia, muchos se han sorprendido de mis palabras. Para mí era algo tan obvio que creía que, sobre todo mis compañeros de clase, se percataban de la situación; pues no se habían dado cuenta. O al menos no de hasta qué punto yo lo sufría. Y esto me hizo reflexionar.

En aquel entonces no lo exterioricé, ni los hechos ni mis sentimientos. Solo lo comentaba con mis amigas más próximas, con las que me sentía cómoda explicando mis problemas. Lo escondía por vergüenza, porque aquella situación me había anulado, me había hecho pequeña, me había dejado sin fuerzas. Sentía un cúmulo de emociones negativas y un gran sentimiento de desvalorización hacia mi persona.

Ahora, desde mi experiencia y evolución, sé que esta situación me estaba pidiendo trabajar mis límites. Sacar mi fuerza interior para poner fin al sufrimiento y no permitir según qué palabra o gesto hacia mí. La situación mejoró en el momento que me alejé de esas personas cuando al acabar los estudios cada uno siguió su camino. Me liberé, pero no de la situación, sino de aquellas personas en concreto. Al no haber luchado, la vida me puso otras situaciones para superar mi tarea pendiente, para marcar mis límites. Esta situación se repitió en mi vida laboral. De una manera u otra, jefas o compañeras de trabajo sobrepasaban la línea de mis límites.

He recorrido un largo camino, pero como decimos, los aprendizajes no se logran de un día para otro y, aunque se trabajen, se debe estar siempre pendiente de esta energía que se lleva instaurada en la personalidad.

Esta situación de desvalorización fue la gota que colmó el vaso y desencadenó la depresión. Ahora entiendo que, si no actúas ante una situación, las consecuencias pueden ser muy devastadoras, y he aprendido que no debes avergonzarte de nada, y mucho menos de lo que sientes. Se debe hablar y transmitir los sentimientos libremente, expresar aquello que está en tu interior para que tu alrededor lo entienda e incluso puedan echarte una mano. Algo que fue tan perceptible para mí, pasó desapercibido para mucha gente que incluso estaba delante.

Nuestra percepción no es la misma que la de los demás, y debemos exteriorizar las emociones y decir lo que pensamos siempre, pero sobre todo ante una situación que no nos gusta o nos provoca malestar. Porque, si no, todo esto se queda enquistado dentro de ti, provocándote dolor. Puede que este dolor pase desapercibido o se esconda tras tu coraza para evitar según qué situación de confrontamiento, pero tarde o temprano sale a la luz para ser sanado, así que utiliza la sinceridad positiva y exterioriza todo aquello que necesites.

«Una vez ya está fuera de ti, ya no te pertenece, forma parte del universo».

SENDERO VIIII
INTROSPECCIÓN
Yo Soy humildad, como es adentro es afuera

 Introspección

(Soledad, prudencia, maestro interior).

Color: Verde oscuro.

Mineral: Amatista.

Infusión: Milenrama, Mejorana, Limón.

Es el sendero que te conecta con tu escucha profunda. Te aporta y te ofrece conectar con tu sabiduría interna y la voz de tu consciencia. Encontrarte contigo mismo te transmitirá luz y claridad para enfrentarte a la vida con seguridad y confianza.

«Retírate dentro de ti mismo, sobre todo cuando necesites compañía».

Epicuro

El sendero de la introspección une los planetas *Jesed* (Amor) y *Tiferet* (Alma); misericordia y belleza. El aprendizaje te dice que necesitas adquirir luz y sabiduría a través de la experiencia, pues la luz sugiere el conocimiento necesario para disipar las tinieblas de la ignorancia. Este sendero también hace referencia a la responsabilidad que cada uno adquiere consigo mismo.

- Introspección -

Vivimos a contracorriente, de un lado para otro, siempre con prisas o estresados. Estamos cargados de obligaciones, exigiéndonos más de lo que podemos abarcar, llevándonos al límite diariamente. Este ritmo de vida te encamina a centrar constantemente tu atención en el exterior, focalizándote solo en todo aquello que tienes que hacer. Te aleja de ti mismo y de tu *felicidad real*. Tu mirada interna se esconde debajo de este ritmo de vida, reprimiéndote y dejando de lado tus sentimientos, tus anhelos; en definitiva, tu conexión con tu alma. En muchas ocasiones no sabes ni cómo te encuentras, cómo estas o qué sientes.

En realidad, hoy en día estamos como hipnotizados, pasando la mayor parte de nuestro tiempo desconectados de nosotros mismos, sin ni siquiera conocer aquello que queremos hacer realmente, volcándonos al máximo en estas obligaciones.

Con calma y paciencia aprende a detenerte física y mentalmente para conectar contigo mismo. Al conectar con tu alma conectas con la plenitud y puedes gestionar mejor tu día a día. Aprovecha la habilidad de la introspección.

La introspección es una acción de atención plena, consciente. Es observarte y analizarte por completo, mirar en tu interior para reflexionar sobre tus propios pensamientos y conductas, analizar las experiencias vividas y así conocerte mejor.

Supone una autoconciencia que te lleva a entender qué ocurre dentro de ti para mejorar lo que sucede afuera. De ese modo puedes descubrir las causas de tu malestar.

Cuando conectas con lo que sientes empiezas a reconocer cómo te encuentras internamente. La introspección sirve para liberarte y desarrollarte personalmente.

Si analizas tu criterio y tu propia realidad no llegas a alcanzar ser objetivo contigo mismo. Por eso debes aceptar con sinceridad los hechos y no autoengañarte.

Conectar con tu interior te ayudará a analizar episodios de tu vida que no has sabido gestionar.

Cuando aprendas a ser autocrítico podrás entender qué cosas debes cambiar para evolucionar.

«Cuando pierdes contacto con la quietud interior, pierdes contacto contigo mismo. Cuando pierdes contacto contigo mismo, te pierdes en el mundo».

Eckhart Tolle

- Maestro interior -

Cuando decimos que tú tienes las respuestas, que todas están en tu interior, nos referimos a este maestro interior que hay en ti.

El maestro interior se comunica desde el silencio, la quietud y la serenidad. Es el que te ayuda a identificar esa parte de ti mismo, el que te guía en tu autoconocimiento. Es aquello que se siente o se sabe, que va más allá de la razón, es tu intuición.

Para poder conectar con tu maestro interior debes observar tu mente y tus pensamientos, la calidad de estos. ¿Son negativos o positivos? El primer paso para controlar la mente es identificar tus pensamientos. Estar presente significa no pensar en otras cosas más que en lo que estás haciendo. Una vez identificados, podrás dejarlos ir poco a poco cuando aparezcan, sin agobiarte. Simplemente podrás reconocer el pensamiento y dejarlo ir. Poco a poco irás controlando este flujo de pensamientos e irán desapareciendo.

Debes hacer un examen de conciencia, aunque ello implique separarte del mundo por unos instantes, y llegar a la soledad para encontrar el autoconocimiento. Debes ir en busca de tu propia verdad de la vida, la que no encontrarás al lado de lo material. Busca tus logros espirituales y alcánzalos.

"Nadie jamás enseñó a otro. Cada uno
de nosotros debe enseñar a sí mismo. El
maestro exterior ofrece solo la sugerencia que
despierta al maestro interior para trabajar en
comprender las cosas."

Swami Vivekananda

SENDERO X
PROSPERIDAD
Yo Soy el creador de mi vida en abundancia

10 ⚙

Prosperidad

(Abundancia, cambio, movimiento, suerte, visión de futuro).

Color: Morado.

Mineral: Aventurina.

Infusión: Cedro, Jazmín, Menta piperita.

Es el sendero que te conecta con tu visión de futuro. Te invita al movimiento para poder crear tu propia suerte y generar cambios. Te aporta capacidad de reflexión hacia tus decisiones.

«La riqueza no es solo dinero, sino abundancia en todas las áreas».

El secreto

El sendero de la prosperidad une los planetas *Netzah* (Confianza) con *Jesed* (Amor) y representa una rueda que hace referencia a las emociones de *Netzah*. Es un sendero de cambios, crecimiento personal y expansión. Guarda relación con el proceso de maduración que supone transformar una emoción en sentimiento. Si te encuentras en las aguas de las emociones de *Netzah* y te dejas arrastrar por las emociones, quedas sujeto a la rueda. Si eres capaz de ir más allá, entras en la esfera de *Jesed*. La rueda de la fortuna representa el continuo retorno, estar obligado a volver una y otra vez, y también significa destino. Te indica que todo lo que has hecho después lo vas a recoger, pero está la posibilidad de cambiarlo. No obstante, puedes salir de esta rueda y dejar de repetir la misma experiencia cambiando la acción.

- Prosperidad -

La prosperidad es una situación de bienestar, el desarrollo favorable en diferentes aspectos de tu vida. Consiste en tener todo aquello que quieres o necesitas. De este modo, dependiendo de tus expectativas y tu búsqueda obtienes resultados para mejorar tu vida en diferentes ámbitos.

La prosperidad en sí no significa tener buena suerte. Tanto la prosperidad como la suerte solo llegan a tu vida si hay una acción y una decisión.

Utiliza tu mente para obtener estrategias para poder alcanzar un movimiento deseado en tu vida. Sé astuto y decidido hasta alcanzar tu objetivo y no te dejes llevar por el destino sin tomar tus propias decisiones.

Créete que tienes poder y capacidad para crear, manifestar y materializar todo aquello que deseas y pasa a la acción.

La vida es como una rueda, siempre está en continuo movimiento. Va girando y girando sin parar. Hay momentos en los que estás arriba y otros en los que estás abajo. A veces crees que tienes toda la suerte del mundo, y otras todo lo contrario, tienes aquella sensación de que «todo lo malo me pasa a mí». En otros momentos de la vida simplemente debes aprender a bailar en las circunstancias en las que estás viviendo en ese preciso momento. Puedes llegar a sentir cómo una situación se paraliza, todo permanece inmóvil, pero eso es solo una percepción. Nunca llega a estar inmóvil, siempre se mueve y va cambiando, nada perdura para siempre. Por lo tanto, cuando estés en tus momentos buenos, agradécelos y aprovéchalos al máximo. Durante los momentos difíciles no te preocupes más de lo necesario y agradécelos también, siempre hay algo positivo de la experiencia. Estos momentos te están ayudando a crecer y evolucionar; después de la tormenta siempre llega la calma. Cuando una situación escapa de tu control, puedes influir en el proceso cambiando tu actitud para enfrentarla con una mente y una actitud positiva. Pregúntate qué es lo que está en tus manos para mejorar este proceso.

No permanezcas nunca inmóvil y fusiónate con el movimiento de la vida. Avanza y deja la mala suerte atrás, solo tú eres el dueño para hacer el cambio en tu vida. Cada giro que da la vida es un momento de desafío. Reflexiona acerca de los sucesos de evolución e involución de tu vida y cierra el pasado para poder enfrentarte a lo que está por llegar.

«Cuando una puerta se cierra, das paso a nuevas oportunidades».

- Visión de futuro -

Carpe diem, vivir el momento sin que te perturbe el pasado o la incerteza del futuro. Centrarse en el día a día para aprovechar al máximo cada momento. Aparte de este saber, de estar presente, en atención plena, le debes añadir una visión de futuro clara.

La visión de futuro te marca aquellos objetivos por los cuales debes luchar para poderlos alcanzar. Visualizar cómo y hasta dónde quieres llegar. Una vez estás sincronizado con este plan de futuro, es el momento de centrarte en «el aquí y ahora». En el momento presente es donde puedes realizar un buen plan de acción, tomar las riendas de tu vida y empezar a construir, ahora, el mañana.

Esto te ayuda a dar sentido a tu vida. Tener objetivos, retos, metas..., te impulsa a tomar acción. Tengas la edad que tengas, nunca es demasiado tarde para nuevos retos en la vida.

Cuando tu vida está ubicada en «el ahora» y le acompaña la acción, estás activando la prosperidad. Y si persistes, todo llega.

Nosotras hemos luchado y seguimos luchando cada día sin desviarnos de nuestra visión de futuro, y aunque a veces no sepas por dónde ir o cómo vas a poder lograr tu objetivo, si vas dando pasitos, el universo te va dando aquello que necesitas para lograrlo. Como por arte de magia aparecen en tu vida soluciones, personas que te transmiten herramientas, *causalidades* que parecen de película pero que son tan reales como la vida misma.

No te rindas, construye tu visión de futuro y…

¡A por ello!

SENDERO XI
FORTALEZA
Yo Soy poder. Yo soy mi guerrera de luz en acción

11

Fortaleza

(Valentía, osadía, lucha, asimilación).

Color: Verde claro.

Mineral: Granate.

Infusión: Manzanilla, Laurel, Romero.

Es el sendero que te conecta con el aprendizaje de lucha interior. Te da la fortaleza para extraer de tu interior toda la valentía de tu guerrero interno.

«La fuerza no viene de la capacidad física. Viene de una voluntad indomable».

Mahatma Gandhi

El sendero de la fortaleza une los planetas *Geburah* (Justicia) con *Tiferet* (Alma). Relaciona las leyes del karma con tu alma. Te sugiere el dominio de la inteligencia sobre la fuerza mental, el instinto. A tu conciencia le llega una gran fuerza interior, la fuerza de *Geburah*, que te lleva a sobreponerte a las dificultades, a la capacidad de lucha y superar los conflictos de tu vida, eliminando tus miedos internos, tus limitaciones y a superar tus defectos. Este sendero busca el contacto con el otro, la sociabilización y el compartir. También refleja la fuerza que se precisa para mantenerse firme en las decisiones tomadas, respetar los límites que uno mismo se impone y la autocontención.

- Fortaleza -

La fortaleza es la capacidad de superación que tienes, como todo ser humano. También hace referencia a la capacidad de resistencia y de afrontar los problemas con valentía. Es una fuerza interior que te ayuda a protegerte con tu supervivencia y te ayuda a seguir adelante.

Te da seguridad, sabiduría en la toma de decisiones y autodominio ante las adversidades. Utilizar la inteligencia es mejor que utilizar la fuerza bruta.

Para poder extraer toda tu osadía solo debes creer en ti, asumir tus retos y las situaciones difíciles. Es entonces cuando se pone a prueba tu valor.

A veces tu peor enemigo eres tú mismo. Cuando tu diálogo interno es negativo y tus mensajes son «No soy capaz», «No valgo», «No tengo fuerzas», debes eliminar estos noes de tu mente. Háblate en positivo. Sé el primero en decirte que sí puedes, que sí vales, que tienes las fuerzas suficientes.

Trabaja este sendero cuando necesites fuerzas extra, pues te ayudará a tener valor para superar la situación que estés viviendo en estos momentos y te ayudará a conectar con tu instinto de lucha y reforzar tu coraje; y pon límites a las situaciones que te desvitalizan.

Te animamos a no tirar la toalla ni a renunciar a nada. Cuando las cosas se pongan difíciles, si de verdad merece la pena, lucha por ellas.

La fortaleza no tiene nada que ver con ser una persona dura o una persona autosuficiente a la que no le hace falta pedir ayuda a los demás. Tampoco es alguien a quien no le afecte nada. La gran fortaleza se extrae de los grandes infortunios que la vida te trae. Solo debes ver los problemas como grandes oportunidades. Todo el mundo tiene épocas malas, momentos de bajones y de debilidad, es entonces cuando debes aprender a gestionarlo, solo es cuestión de tiempo, de darte tu tiempo para resucitar con más fuerza. Sé optimista y ve más allá del problema.

Lucha, pero acepta tus límites hasta donde puedas llegar. Cambia lo que puedas cambiar y acepta lo que no puedas controlar. Lo más importante siempre es tener un motivo por el que vivir.

«Caer está permitido. ¡Levantarse es obligatorio!».

Proverbio ruso

Confía en que todo sucede por algo, aunque no estés capacitado para entender el porqué de todas las cosas.

Si te niegas a soltar una situación difícil no podrás avanzar hasta que no la dejes ir. Si te mantienes en el pasado no podrás ver las oportunidades que se te ofrecen. No tienes el control de todo aquello que te ocurre, pero puedes ser responsable de ti mismo.

Tu fuerza interior tiene la capacidad suficiente para superar las adversidades, y te impulsa para seguir avanzando con más fortaleza.

Aunque en momentos de tu vida te parezca que no tienes fuerzas, párate y observa. Analízate a ti y a la situación y empieza por dar pequeños pasos que no requieran de mucha energía para que poco a poco llegues a controlar la situación.

¿Qué es para ti la valentía?

Ser valiente es saber gestionar tus emociones en cada momento. Tomar acción, apoyándote de tu fuerza de voluntad. Enfrentarte a los retos de cara teniendo las ideas claras a presar de tus posibles miedos o inseguridades. Cuando tienes las ideas claras y te sientes seguro de ti mismo no temes a equivocarte, ni mucho menos al qué dirán los demás.

Así que la valentía no es un acto libre de miedos, dolor o sufrimiento, sino que a pesar de ello se tiene la suficiente fuerza para superar las dificultades, mantenerte en equilibrio ante tus sombras y actuar con firmeza sabiendo pedir ayuda si fuera necesario.

La valentía se demuestra en los pequeños actos del día a día.

El camino hacia tus fortalezas es desarrollar tus virtudes y potenciales.

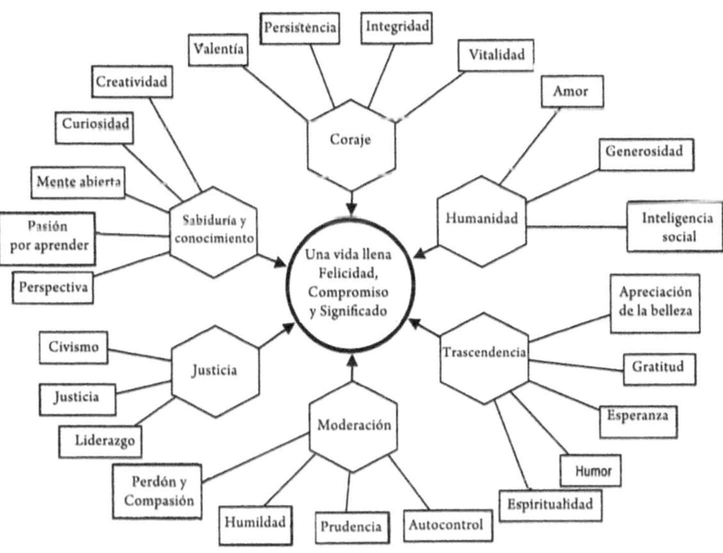

Esquema de las 24 fortalezas de Seigman y Peterson

SENDERO XII
SACRIFICIO
Yo Soy el sacrificio creador de mi recompensa

12

Sacrificio

(Entrega, quietud, familia).

Color: Azul profundo.

Mineral: Aguamarina.

Infusión: Artemisa, Jazmín, Anís.

Es el sendero que te conecta con la capacidad de entrega. Te ayuda a sacrificarte cuando la ocasión merece la pena para después obtener mayor recompensa.

«Sin motivación no hay sacrificio, sin sacrificio no hay disciplina y sin disciplina no hay éxito».

El sendero del sacrificio une los planetas *Hod* (Afinidad) con *Geburah* (Justicia), la parte mental con las leyes. En *Geburah* se encuentran todas las órdenes y leyes que rigen el universo. Una de ellas es la ley del Karma. Este sendero te ata o te somete mentalmente a determinadas leyes universales.

- Sacrificio -

Relacionamos el sacrificio con el esfuerzo o capacidad de renuncia que te impones a ti mismo para conseguir un objetivo, ya sea para ti o para un bien común.

De este modo, el sacrificio hace referencia a los cambios significativos que se deben producir, con disciplina y esfuerzo, basados en un cambio interior.

Si eres capaz de superar pequeñas pruebas que la vida te ofrece, podrás percibir un cambio en ti mismo y romper esquemas mentales para no vivir en la decepción y el fracaso.

La rigidez mental te bloquea en tu manera de pensar y, en consecuencia, condiciona tu forma de actuar. Libérate de ciertas creencias limitantes para poder crecer y poder empatizar con los demás. Un punto de vista diferente al tuyo no significa que no sea correcto. Ábrete a nuevas posibilidades, te pueden aportar nuevos conocimientos, ampliar los tuyos propios o incluso reconocer en ti una idea equívoca y poderla rectificar. Así es como evoluciona tu parte mental y de conocimientos.

Ábrete a nuevas posibilidades, pues, a veces, la rigidez mental puede limitarte o incluso hacerte llevar a cabo ideas erróneas.

- Quietud -

Hay momentos en la vida en los que es más beneficioso parar que seguir adelante o esperar la oportunidad adecuada y así lograr el éxito.

Recuerda que actuar no siempre es la mejor solución. Reflexiona sobre tus decisiones importantes y obtén claridad cuando la necesites; toda elección sabia necesita ser contemplada.

«Primero siente. Luego piensa y actúa. Tómate el tiempo que necesites en cada acción».

En este punto también se encuentran tus propias limitaciones, las que tú mismo te impones, formando una barrera para tu evolución. Estas limitaciones están en tu diálogo interno cuando te repites constantemente: «No puedo», «No soy capaz», «No merezco».

Observa también si este momento de quietud proviene de tu interior o de las limitaciones que tú mismo generas. Es entonces cuando debes liberar la mente de pensamientos limitantes y escuchar tu corazón.

- Entrega -

¿Has olvidado entregarte a la vida? Cuando te centras o te obsesionas con los objetivos que marca la sociedad, como puede ser casarte, tener hijos, comprarte una casa o un buen coche, ahorrar dinero, vivir para trabajar, etc., la vida va pasando silenciosamente y vas perdiendo la posibilidad de disfrutar de los pequeños placeres, como, por ejemplo, un amanecer, un café, un paseo por la playa, un momento de silencio... Te olvidas entonces de disfrutar del camino, y ello te aleja de esta *Felicidad real.* Te pierdes todo esto por seguir la corriente sin parar ni un instante. Ir más despacio o pararte a observar conscientemente te da la capacidad de reconocer las señales y observar los pequeños momentos de placer que pasan desapercibidos esperando ser aprovechados.

Párate, observa y acepta cada momento tal y como es. Si la situación es difícil, acógela sin pensar en el futuro ni en el pasado. El momento es como debe ser, no podría ser de ninguna otra manera. Y a partir de aquí, aceptando la situación, creas los momentos futuros. Pero no confundas «aceptar la situación» con «soportar la situación». Acepta para cambiar y eliminar el sufrimiento.

Entregarte es conectar con tus sentimientos, con tus necesidades, es dejarte llevar por lo que surja en cada momento sin juzgar.

- Familia -

Tu núcleo familiar es tu ámbito de aprendizaje. No eres solo una unidad, sino que perteneces a un grupo.

La familia influye en ti y te inculca valores, creencias, actitudes y maneras de hacer las cosas. Las circunstancias no son las que tienen el control de tu percepción, son tus creencias heredadas las que te dan una perspectiva determinada y te limitan. Muchas de tus creencias, miedos y bloqueos están relacionadas con tu herencia genética. Es importante entonces conocer y entender tu árbol genealógico y la vida de tus antepasados para encontrar las limitaciones heredadas de tu clan familiar que te afectan.

Un estudio más profundo de tu *árbol transgeneracional* puede proporcionarte información de cómo influye la energía de tus antepasados en tu vida actual. El inconsciente familiar interactúa con el inconsciente personal desvelando conflictos, situaciones, enfermedades, tragedias, relaciones difíciles… Cuando algo no está trabajado y sanado, va pasando de generación a generación hasta que alguien lo trabaja y corta la cadena de repetición. Tienes patrones de conducta grabados en tu inconsciente, y con la psicogenealogía puedes llegar a conectar con tu pasado para llegar a una liberación solo con reconocerlo.

Esto no significa que estos patrones genéticos dirijan tu vida, pero sí tienen una influencia en ella. Una parte del trabajo del autoconocimiento es llevar a cabo un trabajo de conocimiento genético, en el que puedes encontrar muchas respuestas. Pregunta a tus abuelos o familiares mayores y estate atento a las aventuras que explican porque pueden estar llenas de información sanadora.

Si te interesa llevar a cabo un estudio de tu árbol genealógico puedes contactar con nosotras.

El Árbol Transgerenacional estudia todo aquello que te une a las generaciones anteriores, a los familiares con los que no has convivido, a los antepasados cercanos o remotos de los cuales procede tu descendencia.

Tu árbol es un mapa con mucha información valiosa. Es una transmisión oculta de patrones, herencias, enfermedades, dones, creencias, actitudes e incluso apariencia física. Todo ello puede repercutirte directamente en tu día a día e impedir llevar a cabo tu misión de alma y tu propósito de vida.

«Nuestros antepasados siguen viviendo en nosotros, y por medio de nosotros quieren concluir algo que les dará a ellos y a nosotros la paz.»

-Hellinger-

SENDERO XIII
PERDÓN
Yo Soy luz, aceptación y transmutación del perdón

13

Perdón

(Finalizar, resentimientos, muerte).

Color: Azul turquesa.

Mineral: Ámbar.

Infusión: Madreselva, Jengibre, Caléndula.

Es el sendero que te conecta con el perdón verdadero. Te ofrece el poder de finalizar y terminar las cosas sin resentimientos y conectar con la liberación personal para sanar tu alma.

«Perdonar es liberar a un prisionero y descubrir que el prisionero eras tú».

El sendero del perdón une los planetas *Tiferet* (Alma) con *Netzah* (Confianza), el alma con tu centro emocional. Perdonar representa aprender a desconectarte de todo tipo de necesidades. Debes vencer el miedo y aprender a desapegarte para conectar con la vida eterna. Perdonar te lleva a una transformación profunda de lo que eres. Asimismo, este sendero habla de la muerte del ego.

- Perdón -

La acción de perdonar es sanar. Es un acto de amor hacia uno mismo y hacia los demás. Es aceptar que lo ocurrido es aprendizaje, que la persona o la situación han aparecido para que tú crezcas. Llegar a la capacidad de perdonar es aceptar la evolución.

El perdón ante una situación o persona necesita su tiempo. Es cierto que cuando hay dolor es difícil olvidar lo ocurrido, y lo único que quieres es que desaparezca esta sensación. Poco a poco, cuando la herida no está tan latente en ti, es cuando puedes observar lo ocurrido desde otra perspectiva, sin tanto dolor ni rencor. Cuando el rencor desaparece es cuando te puedes quedar en paz contigo mismo. El perdón es la herramienta más efectiva para sanar heridas.

Llegar al perdón es un alivio personal, perdonar al otro es, en definitiva, perdonarte a ti también y liberarte del sufrimiento para sanar interiormente.

Para llegar a perdonar puedes observar lo ocurrido desde la compasión y la comprensión de que cada persona tiene su nivel de conciencia y que todos tenemos derecho a equivocarnos para poder pasar a la corrección y evolucionar. Aceptar que otras personas o tú mismo te puedes equivocar te puede ayudar a dejar ir el rencor y la culpa.

Recuerda que manejar las emociones solo depende de ti, y que lo que sientes por dentro no depende del exterior. No permitas que tu alrededor perjudique tu paz interior.

Durante el proceso, antes de llegar al perdón, hay sufrimiento, emociones negativas, rencor, rabia y resentimiento; y todo esto te ata al pasado. Reflexiona si para ti experimentar todo esto es agradable o no. Entonces, perdona y libérate de este dolor.

Perdonar no es desvalorizarte, todo lo contrario. Es valorarte y quererte a ti mismo para poder pasar página y focalizarte en el futuro.

Incluso de las experiencias más desagradables puede sacarse algo bueno.

La vida está llena de etapas buenas y malas, pero todas ellas forman parte de tu experiencia. Debes aprender a cerrar ciclos y superar etapas para poder seguir adelante sin que lo vivido te afecte.

Podrás saber que has cerrado un ciclo cuando recuerdes una experiencia determinada y ya no la vivas con dolor ni se desborden en ti la rabia o la tristeza. Cuando algo deja de importante y lo superas deja de doler.

Si no eres capaz de cerrar una etapa y aprender la lección, es cuando la vida se repite y se presenta otra lección semejante a la anterior para que la superes.

Aprendiendo de las circunstancias cambias internamente y se terminan las repeticiones, produciendo cambios externos. Tu inconsciente atrae las situaciones que necesitas para crecer.

Finalizar una etapa puede resultar costoso, lo podríamos definir como «sentir que una parte de ti se desprende y muere».

Todo cambio de estado, cualquiera que sea, es a la vez una muerte. Se supone que es el fin de tu existencia, pero a su vez es un nacimiento. Nadie está preparado para la muerte. De hecho, muchos de nosotros pensamos de vez en cuando en ello y nos produce una emoción de rechazo, incluso de miedo o inaceptación.

La vida es un estado continuo de transformación, y la muerte forma parte de ese proceso de transición. No hay muerte, no hay separación, se trata de un cambio de forma, no de un final.

«Los cabalistas afirman que la única razón por la cual algo puede nacer es porque todo está vivo. La única razón por la que la inmortalidad es posible es porque nada puede morir en un universo en el que solo existe una vida. El budismo afirma que el desenlace de la vida es reunirse con la totalidad. La muerte, entendida así, no tiene una existencia absoluta, sino una fase más dentro del proceso energético. La vida, igual que la energía, no se crea ni se destruye, simplemente cambia de forma. Esto no significa que eres inmortal, sino que cada vida es una pequeña fase de tu evolución».

- Muerte física -

La muerte, un tema del cual no se habla lo suficiente, con ciertos prejuicios al respecto y en ocasiones mucho temor.

Hablar de ella puede resultarte incómodo. Hay diferentes opiniones respecto al momento de muerte. Unos piensan que es un "punto y final". Otros que es un momento de cambio y transformación, un "punto y seguido". ¿quién tiene la verdad absoluta? Nadie, tienes que formar tu propia verdad al respecto.

Desde nuestro punto de vista espiritual, apoyamos esta teoría del "punto y seguido" y te la mostramos seguidamente.

La muerte física es la separación entre lo material, el físico, y lo inmaterial, el alma. El cuerpo al morir se descompone completamente, deja de existir, pero el alma sigue su rumbo existiendo en el mundo espiritual. Al morir te liberas de todas las limitaciones del cuerpo físico. Se dice que en los primeros momentos se experimenta una sensación de miedo, desconcierto, temor, y seguidamente te envuelve una sensación de descanso, paz y libertad, llegando a la comprensión de que existe la independencia del cuerpo y del alma.

Es un proceso natural por el cual todos debemos pasar. Te sumerges en un gran sueño, un estado de libertad, el gran reto es reconocer la lección de que no puedes morir.

Tu ser más puro es inmortal, la muerte es un proceso de cambio, como un sueño profundo preparándose para otro despertar. Tu espíritu perdurará en la existencia fundiéndose en el horizonte para regresar de nuevo en otra existencia.

El cuerpo físico es tan solo un vehículo en esta vida en el que te subes para vivir experiencias terrenales, y con ellas evolucionar.

Es el momento de contemplar la muerte desde otra perspectiva.

SENDERO XIIIII
ADAPTACIÓN
Yo Soy el reajuste de mi equilibrio. Yo soy adaptación

 14

Adaptación

(Flexibilidad, empatía, seguir los dictados del corazón).

Color: Azul oscuro.

Mineral: Amatista.

Infusión: Anís, Salvia, Melisa.

Es el sendero que te conecta con tu conciencia. Te aporta la capacidad de adaptación y flexibilidad en situaciones difíciles. Te activa la empatía hacia los demás. Te ayuda a encontrar la armonía y el equilibrio interior y te muestra el camino para alcanzar la iluminación.

«Quien sobrevive no es el más fuerte ni el más inteligente, sino el que se adapta mejor al cambio».

Charles Darwin

El sendero de la adaptación une los planetas *Tiferet* (Alma) con *Yesod* (Inconsciente). Es el sendero central llamado Flecha y actúa como clave en el Árbol de la Vida. Su función es mantener el equilibrio de todo el árbol. Es un sendero de intuición, de escucha interior, de sensibilidad, de empatía y de aceptación de las cosas tal y como son. Conecta tu alma directamente con tu inconsciente. Trabajando tu inconsciente a través de la introspección y la meditación puedes encontrar los mensajes que te transmite tu alma y encontrar tu esencia verdadera.

- Adaptación -

Los cambios en la vida son constantes; aunque los quieras evitar la vida sigue su evolución, y los cambios llegan inesperadamente. Las situaciones son como son, y su finalidad es traer nuevos conocimientos y experiencias. Necesitas cambiar para mejorar. Los ciclos son necesarios e inevitables.

Cuando te veas envuelto en situaciones complejas debes mantener la serenidad. Tener temple te ayuda a mantener la calma y no irte a los extremos. Puedes alterarte, entristecerte, enfadarte, hasta hundirte y quedarte de brazos cruzados sin hacer nada que te ayude a salir de la situación en la que te encuentras, pero de nada sirve. Si no desesperas y mantienes el temple, resistirás y podrás verlo de otra manera, pasar a la acción y ver cómo mejorar esa situación. El cambio lo decides tú.

Ser flexible te permite adaptarte a los cambios y circunstancias de tu día a día para mantener tu estabilidad. La auténtica felicidad reside en tu proceso de evolución y adaptación mental. Una mente que no sabe adaptarse ni controlar sus pensamientos negativos se bloquea ante las adversidades. Por lo contrario, solo si eres capaz de aprender a ser más flexible podrás disfrutar del bienestar y enfocarte en los desafíos para obtener una mejor calidad de vida.

Entrena tu atención para lograr ser responsable de lo que te sucede y salir del sufrimiento. Ser flexible te permite cambiar tus creencias y pensamientos a partir de nuevos puntos de vista y adaptarte a la nueva situación. Acepta otros puntos de vista y alcanza la comprensión hacia los demás, así entrenas la tolerancia.

«La vida no es solo negra o blanca, está llena de matices».

A medida que vas enfrentando nuevos cambios, más fácil te resulta la adaptación. Cada vez serás más flexible y te costará menos adaptarte en futuras situaciones. Te sentirás más seguro de ti mismo y más fuerte. Debes estar preparado para los imprevistos y aceptar la vida tal y como te viene. Ante estos imprevistos, focalízate en buscar la solución.

Acepta los cambios aunque no te gusten. Pensar qué debería haber ocurrido o si hubieras podido hacer alguna cosa diferente no cambia la situación. Todo aquello que te pasa no es por casualidad, sino por *causalidad*.

Déjate llevar y fluye con la vida, aprende a adaptarte rápido a los cambios. Los cambios pueden traer a tu vida nuevos comienzos llenos de nuevas oportunidades que no imaginabas. La adaptación es aceptar que hay cosas en la vida que no puedes controlar, que estás inmerso en un cambio continuo, pasando de estados de malestar a estados de bienestar.

El origen de la rigidez mental es el miedo a salir de tu zona de confort. Esto se identifica como *falsa seguridad*. La rigidez solo te estanca porque no te deja ver más allá de tu percepción.

- Salto cuántico -

Todo aprendizaje transmutado a través de la acción se transforma en conocimiento y sabiduría y te lleva a realizar un salto cuántico. Refleja un cambio de energía que pasa de una vibración X a una vibración superior.

Asimismo, alude a un salto evolutivo, con un nuevo nivel de consciencia, equilibrio y amor.

La palabra «cuántico» proviene de *quantum,* que significa 'cuanto'. ¿Cuánta cantidad de todo lo aprendido vas a aportarte a ti y al mundo que te rodea? Lo determinará tu acción cuando lo lleves a la práctica.

Un salto cuántico se produce en tan solo un instante, después de haber trabajado la expansión de tu conciencia.

Debes estar atento a todo aquello que te resta energía, identificarlo y no persistir en esta frecuencia vibratoria, esforzarte y superarlo. Si persistes, este cambio llegará.

**Cuando aprendes algo nuevo,
nunca vuelves al estado anterior,
te has transformado, has evolucionado.**

SENDERO XV
TRANSFORMACIÓN
Yo Soy cambio, Yo soy evolución

15

Transformación

(Sombras, rencor, aceptación, memoria).

Color: Azul negruzco.

Mineral: Turmalina.

Infusión: Eucalipto, Enebro, Amapola.

Es el sendero que te conecta con tu parte más oscura, con tus sombras, con tus comportamientos dañinos y destructivos que tienes contigo mismo. Te ayuda a trabajar tus propios diablos, dándote fuerzas para enfrentarte a ellos. Te da capacidad para aceptar tu pasado y poderlo transformar, transmutar y poder evolucionar sin limitaciones.

«Solo los que viven en la luz de su conciencia son capaces de ver su sombra interior. Verla es disolverla».

Alejandro Jodorowsky

El sendero de la transformación une el planeta *Hod* (Afinidad) y el planeta *Tiferet* (Alma). Este sendero une entonces la dualidad con la unidad. Te ayuda a enfrentarte a tus sombras y, para ello, debes integrar tu luz y tu sombra para poder trascender. Si mantienes un conflicto interno entre ambos no dispondrás de suficiente energía para pasar al otro lado, a la conexión con tu alma. El sendero se relaciona con la acumulación de información, con la memoria, los recuerdos y los estudios; todo aquello que queda almacenado en el inconsciente a la espera de que salga a relucir en el momento oportuno.

-Transformación-

Toda tu vida es un magnífico viaje de transformación. Las experiencias que vas viviendo desde tu nacimiento te ayudan a ser la persona que eres ahora. Las situaciones difíciles te han dado las pautas para evolucionar y ser más sabio. Si hay algún recuerdo de tu vida que aún te duele, es que no lo trabajaste en su momento. No se trata de olvidar o eliminar momentos pasados de tu vida, porque todos y cada uno de ellos son parte de ti, gracias a ellos eres quién eres ahora, sino que se trata de dar las gracias por las lecciones aprendidas y no olvidar tu vida pasada para cambiar tu futuro. Es decir, simplemente contemplar desde el perdón y el agradecimiento todo lo vivido.

Puedes reforzar tu transformación accediendo a estos recuerdos.

Solo se llega a la transformación superando los obstáculos que te paralizan y eliminando el resentimiento, sin buscar culpables y aceptando todo lo que pasó.

Analizar el pasado desde el prisma adulto puede posicionarte desde otro ángulo, hacerte ver las cosas desde otro punto de vista.

La mente guarda todos los archivos de tu memoria. Estos archivos contienen todos los recuerdos de tu vida. Se encuentran grabados tus momentos felices, los momentos de miedo, creencias heredadas... en definitiva, todas tus vivencias, una tras otra. Todos estos archivos se encuentran reunidos en tus *registros akashicos*, donde está toda la información almacenada, la que se puede llegar a «leer» a través de la canalización. Los registros forman parte de todo lo que eres.

Debes aprender a no aferrarte a los recuerdos. Simplemente están en ti formando tu recorrido de vida. Vivir anclado en tu pasado solo te hace daño, el pasado no se puede cambiar. Por lo tanto, acepta lo ocurrido y céntrate en el aquí y ahora, observando la persona que eres. Libérate de toda culpa o rencor, lo que pasó forma parte de tu aprendizaje de evolución. El pasado te invita a reconciliarte contigo mismo.

-Renacer-

Tienes en tus manos la decisión de transformarte para poder renacer en esta misma vida. Las cosas cambian, y siempre seguirán cambiando. Es tu responsabilidad hacerte cargo de tu vida para poder evolucionar. Puedes decidir permanecer sin cambios, anclado en tu pasado y en el rencor, es tu libre albedrío. Puede ser que aún no estés preparado para volver a renacer tras tu muerte iniciática, que no es más que «el después» de un gran cambio en tu vida. El proceso puede ser costoso y doloroso y requiere su tiempo de asimilación.

Todo cambio de estado, sea el que sea, debe pasar por la oscuridad antes de llegar a la luz; es una fase que te lleva a tus memorias más traumáticas.

Si decides dar el salto a tu transformación, verás un gran cambio en ti. La vida la percibirás desde otro ángulo. Es el reencuentro de tu «Yo». Observas quién eras y ya no te identificas con aquella persona o con determinadas conductas. Empiezas a relacionarte de otra manera y percibes la vida totalmente distinta, mientras que tu vibración se eleva a un estado superior de evolución. Tu frecuencia vieja queda atrás.

En este proceso pueden desaparecer personas de tu vida, y otras nuevas llegar a tu lado, pero todo esto forma parte del proceso de transformación, de las posibilidades humanas más allá de las condiciones limitativas.

No tengas miedo a los cambios, la transformación es necesaria para tu evolución, y ello te aporta fluidez, armonía, paz y felicidad real.

En el siguiente esquema puedes ver donde se ubica lo que forma parte de tu consciente, tu inconsciente y el inconsciente colectivo.

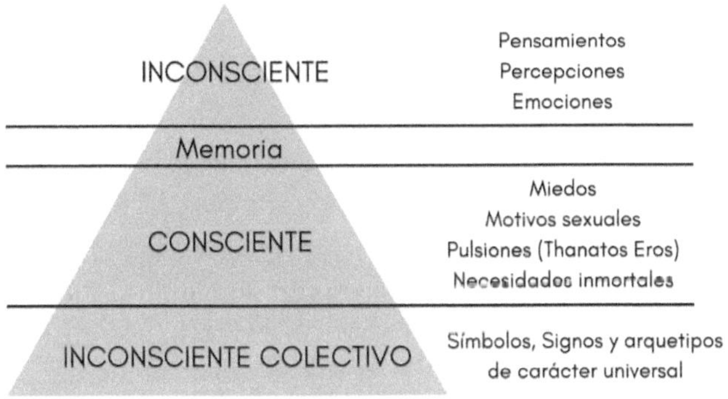

SENDERO XVI
AUTOESTIMA
Yo Soy amor en plenitud. Yo soy virtud

16

Autoestima

(Viga de la personalidad, superación personal, autorrespeto).

Color: Rojo.

Mineral: Rodonita, Cuarzo rosa.

Infusión: Canela, Jengibre, Albahaca.

Es el sendero que te conecta con el aprendizaje de superación personal. Te ayuda a fortalecer tu personalidad a través de la experimentación de las crisis vivenciales y su superación. Te da la fortaleza para extraer de tu interior toda la valentía de tu guerrero interno.

«Solo si me siento valioso por ser como soy puedo aceptarme, puedo ser auténtico, puedo ser verdadero».

Jorge Bucay

El sendero de la autoestima une el planeta *Netzah* (Confianza) con el planeta *Hod* (Afinidad). Refleja el proceso mediante el cual todo aquello que sientes lo puedes expresar en palabras. A veces puede ser difícil abrir tus sentimientos hacia otra persona, y, cuando se expresa en palabras, este sentimiento se convierte en algo más limitado. Las palabras matan el espíritu de la letra, el sentimiento. Sin embargo, si los sentimientos quedan reprimidos en tu interior pueden generar el caos. Expresar aquello que llevas dentro te lleva a la liberación, te libera de conceptos mentales y de prejuicios y miedos hacia ti mismo, pudiendo ver las cosas desde otro punto de vista. El sendero en sí habla de la facilidad o dificultad que puedas tener al transformar una experiencia vivencial en aprendizaje.

-Autoestima-

¿Te has sentido alguna vez atascado, bloqueado, y poco a poco tu vida se ha convertido en una eterna crisis? Nada tiene sentido y no parece tener salida. Si has llegado alguna vez a tal punto, todo indica una profunda crisis de personalidad y derrumbamiento del «Yo interior».

La realidad es que todo ser humano en algún periodo de su vida lo ha experimentado alguna vez, con más o menos intensidad y de maneras distintas.

Esta crisis surge cuando tus antiguos esquemas mentales ya no te sirven, cuando crees que ya no eres la misma persona, no te reconoces, ya no te identificas con nada de lo anterior. Entonces entras en conflicto interno, cuestionando toda tu existencia, cuál es el sentido de tu vida y qué estás haciendo con ella. Esta crisis te lleva a la autorreflexión. La angustia se apodera de ti por no saber cuál es tu propósito y tienes un malestar interno por no entender por qué no eres feliz si aparentemente lo tienes todo, pero tu vida está falta de objetivos e ilusiones, ya que tener algo por lo que luchar da sentido a la existencia y, cuando no hay una meta, surge la desmotivación, generando un vacío interno.

La crisis existencial está asociada a problemas de autoestima. Cuando te falta confianza en ti mismo para afrontar tu realidad sientes un bloqueo y surgen las dudas y los miedos.

Cuando no tienes tu personalidad definida, te conviertes en una persona más vulnerable y las experiencias las vives más negativamente, lo que afecta a tu autoestima.

La baja autoestima produce patrones limitantes erróneos que te transmiten la creencia de que tú no puedes. Te desvalorizas y tu visión interna no se ajusta a la realidad.

Durante toda tu vida vas acumulando valoraciones que crees que los demás perciben o creen de ti, pero lo más importante es lo que tú crees de ti mismo. Lo más importante es aceptarte tal y como eres y, si hay algo de ti que no te gusta, puedes mejorarlo o rectificarlo. Conocer qué es todo aquello en lo que tú te identificas te ayuda en tu crecimiento; cuanto más te conoces, más seguro estás de ti mismo.

Para aumentar tu autoestima debes quererte y tratarte bien, con cariño y respeto. Elimina el mensaje autodestructivo y empieza a pensar en positivo. Olvida las comparaciones y recuerda que cada ser es único y especial. Acéptate, perdónate, debes sentirte bien contigo mismo, estar orgulloso de tus capacidades y logros.

"Aprendiendo a amarme"

Historia personal de Laia.

«Quiérete, ámate, no existe persona en el mundo que pueda quererte tanto como tú mismo».

Laia Pastor

Cuando tu corazón está herido, puedes llegar a sanarlo, pero siempre queda una cicatriz. Una señal para toda la vida que, aunque no te duela, forma parte de ti, de lo que eres, como «heridas de guerra», como las llaman. Aquellas que te marcan un pasado y te muestran el porqué de lo que ahora eres. Estas heridas te han hecho sufrir para ser más fuerte. Algunas son más profundas que otras y unas cuestan más tiempo de cicatrizar que otras. Esto de que el tiempo lo cura todo… sí, pero debes poner acción y esfuerzo por tu parte si quieres que esta herida no vuelva a sangrar o que te duela para siempre.

Como he explicado antes, el *bullying* desencadenó la depresión, aunque realmente fueron mis emociones reprimidas y la desvalorización que yo misma me inculcaba, dando credibilidad a los pensamientos de los otros más que a los míos. Cada día que pasaba mi autoestima bajaba un poco más, hasta tal punto que mi mente olvidó mi esencia, mi «Yo Soy».

El autoestima significa quererse, amarse, reconocer toda tu persona y no infravalorarte. Llegar a ver de igual a igual a todas las personas, sin inferioridades ni superioridades.

Es como todo, si tú no actúas, la vida te pone situaciones para que te des cuenta de que este no es el camino y entonces reaccciones.

Yo me di cuenta de que debía encontrar mi camino cuando esta baja autoestima empezó a limitar mi vida. La baja autoestima me hacía avergonzarme de mí. Para mí era un infierno cada vez que debía mostrarme ante las personas.

Todas mis inseguridades salían a flor de piel, mi vergüenza, los temblores... el estómago se me encogía al tener que hablar delante de la gente o incluso bailar en una fiesta... Me reprimía lo que quería hacer y envidiaba a mis amigos extrovertidos, que parecían no tener nada de vergüenza.

La música es mi gran pasión, y no hay nada más que me transmita las emociones sentidas durante una actuación. El primer día que tuve que salir a un escenario con mi grupo de música fue el empujón para acabar con todo esto. Estuve a punto de dejar colgados a los de mi grupo por el miedo a exponerme ante la gente. El miedo y la ansiedad eran tan fuertes que no podía ni moverme.

¿Cómo podía subir así a cantar y tocar la guitarra en un lugar donde todos estarían observándome? Pues reaccioné, no dejé que este miedo me privase de hacer lo que más me gustaba y me enfrenté a él. Mi sorpresa fue que, al cabo de cinco minutos de concierto, el miedo en gran parte desapareció y, poco a poco, fui disfrutando del momento. Allí me di cuenta de que era posible un cambio. A partir de aquel día fui valorándome más. Siempre he seguido siendo un poco tímida y un poco reservada en según qué situaciones. Así soy, lo acepto y lo amo también. Lo que no puedes permitir es no creer en ti, dejar que algo te paralice.

Llegué a comprender que todos tenemos potenciales y cosas que trabajar, que nadie es perfecto, que no hay nadie mejor ni peor, que debes quererte porque vives y vivirás toda tu vida contigo. Y te lo digo de verdad, se vive mucho mejor aceptándote tal y como eres que autocastigarte por ello.

Doy las gracias a la música por darme tanto. Luchando por ella he luchado por mí, y me ayudó a superar la depresión. Logré cantar, bailar y hablar delante de cientos de personas sin importar el qué dirán, simplemente disfrutando del momento.

No puedes gustar a todo el mundo, hagas lo que hagas siempre habrá a quien le guste y a quien no. Lo importante es que lo que hagas te guste a ti. El mensaje que quiero transmitirte con esta historia es que creas en ti, que no busques la aprobación o la valorización de los demás. La valoración proviene de uno mismo. Si tú te valoras, nada puede contigo. Haz todo aquello que quieras hacer. Cuando alguien te dice que lo que vas a hacer es muy difícil, que te lo pienses porque es arriesgado o que no te va a salir bien, etc., piensa que están hablando desde sus limitaciones. Pues que sus limitaciones no te limiten a ti para hacer lo que realmente sientes, siempre y cuando no perjudiques a nadie. A delante con todo y, sobre todo, quiérete, quiérete muchísimo porque…

¡Eres un ser excepcional!

En este mundo existen las personas que te juzgan, que te observan con superioridad, que se ríen de ti, que ni te conocen y quieren pasar por encima de ti en cualquier situación, pues viven en un constante «primero yo y los míos, luego los otros»; y entre los otros te encuentras tú, esos otros que «como no conozco no me importan». Y sí, este tipo de personas siguen y seguirán existiendo a tu alrededor.

Cuando tú estás en baja vibración, pueden llegar a afectarte emocionalmente, y un acto de defensa instintivo puede ser el «pues yo reacciono de la misma manera contigo».

Recuerda no bajar tu vibración. Estas personas siguen sus vidas de aprendizajes igual que tú. La cuestión es que tú, que también estás en proceso de evolución, respetes el momento de crecimiento evolutivo de los demás, que comprendas que sus acciones, las que hemos mencionado al principio, no solo no deben afectarte, sino que, además, si debes responderles, lo debes hacer con amor; así que, sobre todo, no retrocedas y caigas en sus actitudes dañinas y menospreciables.

Cada uno tiene su mochila de vida, sus debilidades y sus aprendizajes. Unos están más despiertos que otros y debemos convivir todos juntos. Tómatelo a modo de ejemplo o recordatorio. Puede que sean maestros de vida mostrándote un aprendizaje o que simplemente te enseñen el camino que no debes seguir. Comprende que, al fin y al cabo, estas actitudes solo hacen daño a uno mismo. Es cuestión de tu actitud dejar que estas personas y sus acciones te afecten o no. Recuerda que, como dijimos en el primer libro, «las personas hacen cosas, depende de ti que te afecten o no».

• **Técnica proyectiva a través del test cromático de la personalidad inconsciente.**

Es muy importante tener la viga de la personalidad reforzada. Saber y reconocer quién eres para tener una autoestima elevada y saludable.

¿Quieres descubrir cómo se refleja tu personalidad a través de los colores? Te proponemos un ejercicio que, a través de él, identificarás conscientemente aspectos de tu persona según tus gustos.

Pinta los siguientes cuadrados con su respectivo color.

Ahora obsérvalos y siente qué te transmite cada uno de ellos. Tómate tu tiempo. Seguidamente apunta en la lista los colores que más te resuenan (1) al que menos (10).

1. _______________

2. _______________

3. _______________

4. _______________

5. _______________

6. _______________

7. _______________

8. _______________

9. _______________

10. _______________

Ahora observa tu resultado en la Tabla cromática de la personalidad inconsciente que encontrarás en el anexo.

Los tres primeros colores de tu lista reflejan los aspectos positivos de tu personalidad que lleva tu inconsciente. Y los tres últimos, los aspectos que deberías trabajarte o potenciar.

SENDERO XVII
SEXUALIDAD
Yo Soy aceptacion de mi instinto natural

17

Sexualidad

(Individualismo, instinto reproductor, estímulo sexual).

Color: Violeta.

Mineral: Ágata fuego.

Infusión: Valeriana, Canela, Orquídea.

Es el sendero que te conecta con el aprendizaje del individualismo para poder realizar el trabajo en soledad, aportándote creatividad. Te da la capacidad de crear tu propio trabajo. Refleja el ciclo natural de reproducción y las emociones más profundas provenientes de tu instinto animal.

«Amar la sexualidad es amar a la vida, la veneración de la creación de vida, afirmación del triunfo de la vida sobre la muerte».

Friedrich Nietzsche

El sendero de la sexualidad une el planeta *Netzah* (Confianza) con el planeta *Yesod* (Inconsciente). Los centros emocionales y de la personalidad. Representa la luz del cielo que puede ayudarte a comprender qué mensajes tienes que transmitir. Este sendero despierta la chispa de tu interior, las revelaciones que se producen de forma instantánea sin tener que pasar por la razón. Refleja el instinto animal y la individualización.

- Sexualidad -

Lo primero a lo que queremos aludir es a la necesidad de entender que la identidad de género es la percepción que cada persona tiene sobre sí misma, y la orientación sexual es la atracción afectiva que puedas sentir hacia otra persona sea del sexo que sea.

A lo largo de muchos años el sexo ha sido un tema tabú en la sociedad, privando la naturalidad de este asunto. Generación tras generación han transmitido un mensaje equívoco sobre la sexualidad como tal, inculcando patrones limitantes de vergüenza o de pecado. Hoy en día es un tema que se encuentra muy presente y se está empezando a normalizar la educación sexual sana. A pesar de esta liberación sexual en nuestros tiempos, todavía existe el sentimiento de incomodidad o incluso de ignorancia al respecto.

Antiguamente la sexualidad no se hablaba, ni si quiera se contaba con una educación sexual, la sexualidad solo era explícita como medio de seguridad, basada en el miedo y alejada de las emociones más íntimas.

Nosotras damos un enfoque libre, sin tapujos, reflejando la sexualidad como un placer más de la vida.

La sexualidad es parte de ti, de quien eres, de aceptarte. Es parte de tus emociones, una parte esencial de tu vida y de toda la humanidad, así que debe ser enriquecedora y no rechazada.

La mayoría de los problemas relacionados con el rechazo sexual vienen derivados de los prejuicios, de la falta de autoestima hacia uno mismo, de una mala información o educación sexual y de los patrones limitantes heredados.

Una sana educación sexual empieza con una buena comunicación entre adultos y niños. La clave está en tratar el tema con naturalidad y con total libertad, manteniendo un diálogo adecuado a la edad de cada niño, transmitiendo confianza y seguridad para que ellos puedan preguntar cualquier duda al respecto y adquirir conocimientos para poder vivir sus propias experiencias en total libertad de conocimiento.

La sexualidad guarda relación con tus emociones, actitudes, pensamientos y sentimientos. A través de la sexualidad puedes conocerte mejor y entender tu desarrollo físico y emocional. Para ello, descubrirte, conocer tu cuerpo y experimentar, encontrar aquello que a ti te produce placer y qué no y encontrar tus zonas erógenas, saber lo que tu cuerpo te pide, te lleva a un autoconocimiento físico, también necesario para tu autoconocimiento global. Sin tabúes, sin limitaciones, sin resentimientos ni autoculpa.

Aparte del estímulo sexual individual, conocemos el estímulo sexual como unión de almas fusionándose en una. Esta unión produce una de las energías más poderosas que puedan existir. La energía proveniente de la sexualidad es una forma más de manifestación energética. Es un instinto biológico natural que surge de la parte más terrenal del ser humano que une cuerpo y alma. Al mantener relaciones sexuales con otras personas forman una unión y fusión entre ambas más allá del plano terrenal. Se fusiona la energía vital de las dos almas.

El sexo consciente es una manera de ser uno con el todo, transcendiendo el acto sexual en sí.

En la sexualidad también influye la ley de la atracción, el alma atrae y eleva el «Yo inferior» a un plano de realización y expansión.

Podemos definir la sexualidad desde tres aspectos distintos: desde un plano espiritual, la relación entre espíritu y materia, vida y forma; desde un plano físico, la sexualidad como método de reproducción, y, por último, expresar la energía sexual para la autosatisfacción de los deseos emocionales, impulsos irreflexivos provenientes del instinto animal.

Todas las formas de expresar esta energía sexual no son solo válidas, sino que también son necesarias, así que vive con naturalidad este proceso energético y transmite esta nueva visión para eliminar los patrones limitantes de nuestra sociedad y que en un futuro se viva desde el conocimiento y no desde la ignorancia.

«Vivimos en un mundo donde nos escondemos para hacer el amor, mientras la violencia se practica a plena luz del día».

John Lennon

SENDERO XVIII
EMOCIONES
Yo Soy expresión emocional. Yo soy emoción aceptada y transmutada

18

Emociones

(Expresión emocional, emotividad, sueños, empatía).

Color: Rojo fucsia.

Mineral: Granate.

Infusión: Manzanilla, Laurel, Romero.

Es el sendero que te conecta con el aprendizaje de reconocimiento de tus emociones y las de los demás. Te invita a descubrir tu inconsciente a través del mundo de los sueños.

«No somos responsables de las emociones, pero sí de lo que hacemos con ellas».

Jorge Bucay

El sendero de las emociones une los planetas *Netzah* (Confianza) y *Malkut* (Materialización). Representa el mundo de la noche y la oscuridad, los sueños y los viajes astrales. Es el reino de la imaginación. Nos habla del arte y la inspiración. Te conecta con la naturaleza. Aquí se encuentran los ciclos emocionales sujetos a cambios de humor. Refleja la importancia de no dejarte arrastrar por las emociones y sus cambios, aceptar que todo es transitorio y que seguirá su curso.

- Emociones -

Las emociones se expresan a través del cuerpo físico. Se intercambia información entre el nivel emocional y el plano físico.

Los estados emocionales se encuentran estrechamente ligados al comportamiento. Normalmente tu modo de pensar o actuar va en función de tu estado emocional. Si no tienes una buena salud emocional, tu pensamiento se ve afectado, pudiendo llegar al bloqueo y llevarte al extremo del sufrimiento. Controlar tu estado emocional te ayuda en todos los ámbitos, al bienestar contigo mismo y con tu entorno social. Para ello debes tomar conciencia y aprender la autorregulación emocional.

- Conciencia emocional -

La conciencia emocional es la capacidad que tienes para tomar conciencia y saber percibir las propias emociones, haciendo un trabajo de introspección al activarse una emoción. El primer paso es saber dar nombre a la emoción que estás experimentando. En tu diario de identidad hay una lista de emociones para que puedas practicarlo. De igual manera, debes saber identificar las emociones de los demás, tanto para ti como para los de tu alrededor, para tomar conciencia y aprender desde fuera, desde otro punto de vista, las emociones que tú también has sentido o puedas llegar a sentir. Así se activa la empatía. También debes saber identificar el ambiente emocional que engloba un contexto determinado.

Cuando tienes un aprendizaje emocional eres capaz de controlarlas y no dejarte llevar por ellas.

El descontrol de una emoción puede llegar a tener consecuencias duras. Por ejemplo, la ira descontrolada puede llevarte a cometer acciones violentas. La tristeza desbordada puede llevarte a sufrir depresión. Incluso la euforia sin control puede llevarte a cometer actos que parezcan en un primer momento geniales, y después arrepentirte de ellos.

Un bloqueo emocional es un mecanismo de defensa ante determinadas situaciones que no eres capaz de asumir. Entonces las emociones se bloquean y se enquistan dentro de ti. Este bloqueo energético produce una sensación negativa en tu interior que altera el flujo natural energético, provocando una enfermedad.

Las emociones negativas impiden el correcto funcionamiento energético en tu cuerpo, pudiendo generar bloqueos. Un pensamiento negativo puede ser la semilla para desencadenar una enfermedad.

Por lo contrario, las emociones positivas generan bienestar y benefician tu salud para una mejora en el flujo energético. Así pues, ante una enfermedad tu actitud positiva puede ser de gran ayuda para tu recuperación.

Tu salud depende de cómo te alimentas, depende de tus genes, de tus pensamientos y, sobre todo, de tus emociones.

Cuando una enfermedad proveniente del sistema emocional se manifiesta, es porque hay en ti algún tipo de carencia o desequilibrio. Cuando un síntoma sale al descubierto físicamente, se produce para advertirte de que hay algo en tu cuerpo que debe ser corregido.

Para estar saludable es importante generar emociones positivas para equilibrar el flujo energético.

- La rueda de las emociones de Plutchik -

La rueda de las emociones es un recurso gráfico que sirve para identificar los diferentes tipos de emociones, y entender cómo se relacionan entre sí.

Robert Plutchik fue su creador, pionero en la investigación emocional.

Este esquema le sirvió para explicar la "Teoría Psicoevolutiva de la Emoción", una de las teorías más influyentes en cuanto a la clasificación de las emociones. Muestra que las emociones evolucionan y se adaptan a su forma de expresión con el fin de preservar la supervivencia y reproducción de las personas.

El esquema está formado principalmente por las 8 emociones básicas, que pueden ser agrupadas por 4 pares de polos opuestos o antagónicos:

Alegría – Tristeza

Confianza - Asco

Miedo- ira

Sorpresa – Anticipación.

La intensidad de cada emoción está representada por la gradualidad de los colores de cada pétalo. Una emoción más intensa se encuentra más cerca del núcleo. Cuanto más lejos están, reflejan emociones contenidas.

Para construir la rueda de Plutchik se combinan unas emociones que dan lugar a otras. Se van añadiendo a la rueda e incluso está vinculada a la mezcla cromática.

Las combinaciones son las siguientes:

• Alegría + Confianza = Amor

• Alegría + Anticipación = Optimismo

• Confianza + Miedo = Sumisión

- Miedo + Sorpresa = Alarma
- Sorpresa + Tristeza = Decepción
- Tristeza + Asco = Remordimiento
- Asco + Ira = Desprecio
- Ira + Anticipación = Agresión
- Alegría + Miedo = Culpa
- Alegría + Ira = Orgullo
- Confianza + Sorpresa = Curiosidad
- Confianza + Anticipación = Fatalismo
- Miedo + Tristeza = Desesperación
- Sorpresa + Asco = Incredulidad
- Tristeza + Ira= Envidia
- Asco + Anticipación = Cinismo
- Ira + Tristeza = Envidia
- Alegría + Sorpresa = Deleite
- Alegría + Asco= Morbosidad
- Confianza + Tristeza = Sentimentalismo
- Confianza + Ira = Dominación
- Miedo + Asco = Vergüenza
- Miedo + Anticipación = Ansiedad
- Sorpresa + Ira = Indignación
- Tristeza + Anticipación = Pesimismo

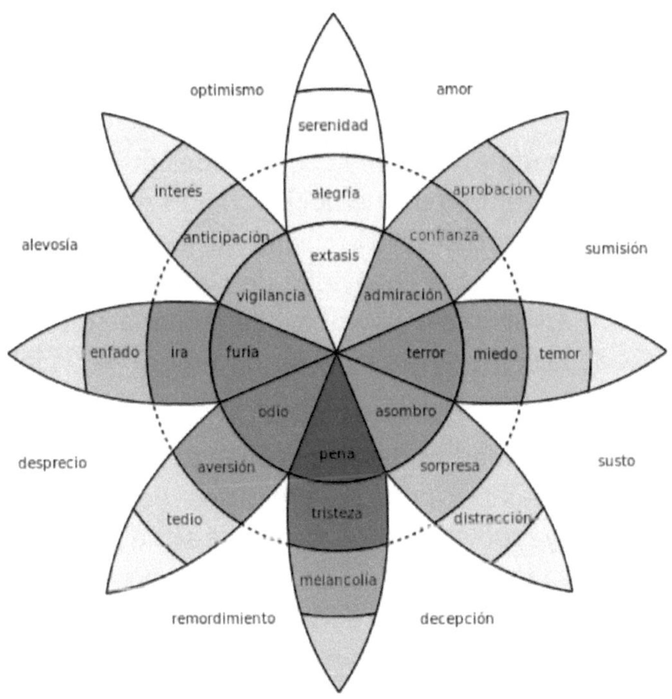

Conductas de supervivencia:

La rueda de Plutchik te ayuda a identificar las emociones, detectar conductas que se pueden desencadenar a través de ellas, expresar y usar las emociones asertivamente, encontrar conductas alternativas para satisfacerlas y entender y empatizar con las emociones de los demás.

Defensa	Miedo y terror
Destrucción	Ira y rabia
Rechazo	Asco
Reproducción	Alegría y placer
Reintegración	Tristeza y dolor
Exploración	Curiosidad y Juego
Orientación	Sorpresa
Incorporación	Confianza

Cuadro de las conductas a través de las emociones.

- Empatía -

La empatía es una de las cualidades que tiene una persona inteligentemente emocional. Su significado real es mucho más que el simple hecho de saberte poner en el lugar del otro. Es la capacidad de comprender la vida emocional de las otras personas. La empatía se refiere, además de la comprensión y el apoyo emocional, a la escucha activa o escucha empática.

Esta capacidad se desarrolla cuando captas el mensaje de las otras personas sin prejuicios. Poniéndote en su lugar, apoyándoles y aprendiendo de sus experiencias. Centras toda la atención para comprender sus sentimientos, apreciando los puntos de vista y marcos de referencia del otro. Interpretas el mensaje desde su perspectiva. De esta manera llegas a ponerte en el lugar del otro. La empatía no implica salir de tu mundo, sino aceptar y respetar otras ideas. La falta de empatía lleva al odio. Por lo contrario, una persona empática llega al amor. Puedes observarlo en el siguiente esquema:

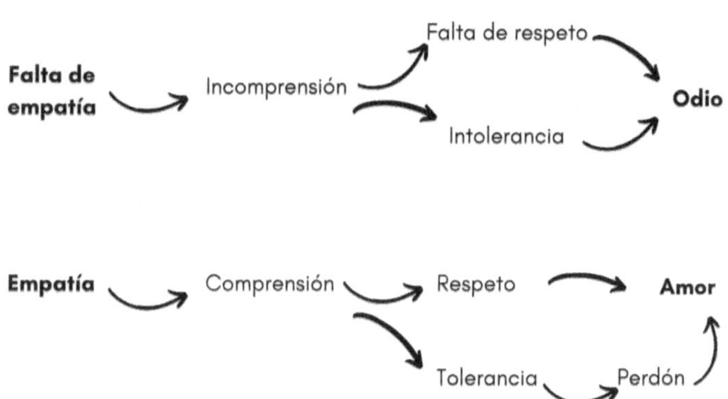

- Sueños -

Somos seres interdimensionales, ya que la vida sucede entre varias dimensiones. Cuando sueñas, viajas a otra dimensión espiritual.

Los sueños son recursos que posees en tu interior y te pueden proporcionar información sobre lo que ocurre en tu vida diaria o conectarte para anticiparte a tu futuro.

Los sueños están conectados con las emociones. Cuando duermes, tu inconsciente procesa la información y se conecta contigo a través de ellos. En tu inconsciente reside toda la información de tus memorias y experiencias.

En este estado es cuando las emociones no pueden enfrentarse ni a la lógica ni a la razón y dejan libres tus miedos y deseos, que son procesados por tu inconsciente, dándoles luz en forma simbólica. Así que los sueños se encargan de procesar toda la información vivida o visualizada, los lugares y las personas con las que interactúas.

El cerebro tiene una región llamada hipocampo, y su función implica el aprendizaje y la memoria, así como las emociones y sus reacciones, controlando su reacción de lucha o huida. El hipocampo nos permite poder describir cosas e identificar y asociar las sensaciones positivas o negativas a partir de los recuerdos. Es el encargado de procesar la memoria, es decir, todos tus recuerdos y experiencias. La emoción y la memoria están relacionadas entre sí; entre mayor sea el impacto de tu emoción, mayor será el almacenamiento de su recuerdo.

Por lo tanto, soñar te permite liberar algunas situaciones que tu consciente no comprende, ya que durante el sueño no hay límites ni censura, y te permite expresar tus sensaciones y emociones reprimidas. El inconsciente se expresa a través de símbolos.

La mayoría de los sueños te muestran los miedos y limitaciones que tú mismo te has impuesto. Por lo tanto, te impulsa a enfrentarte a ello, descubres otra percepción a un nivel más profundo.

• Juego interactivo emocional

Descubre qué debes trabajarte en tu plano emocional, qué dificultades puedes tener y qué acción deberías tomar.

Observa las tres cartas e intuitivamente escoge una de las tres.

1   2   3

Una vez escogida tu carta, puedes leer el resultado a continuación.

Si tu elección es la carta número 1:

Tu ser te pide trabajar, desde tu plano emocional, el perdón, perdonar y perdonarte. Piensa si hay resentimientos en tu vida y encuentra la conexión con el perdón verdadero. Si tienes tareas pendientes, es el momento de finalizarlas.

La dificultad está en la falta de confianza. Debes conectar con tu parte más sensible para obtener una transformación interna, conectar con tu intuición y examinar si la situación merece la pena. Confía en ti y las respuestas llegarán a tu vida.

Deberías pasar a la acción y poner orden en tu vida para poder activar el control y mantener el rumbo, tomar una dirección para tomar conciencia. Equilibra la exigencia tanto hacia ti como hacia los demás.

Si tu elección es la carta número 2:

Tu ser te pide trabajar, desde tu plano emocional, la fortaleza y tu lucha interna para sobreponerte a las dificultades de la vida y superar los conflictos que tengas en estos momentos. Elimina tus miedos internos y las limitaciones. Mantente firme en tus decisiones y respeta los límites. Conecta con tu guerrero interior para sacar la seguridad que hay en ti. Utiliza la inteligencia, solo debes creer en ti y asumir el reto con coraje.

La dificultad está en la responsabilidad de tus actos. No busques culpables, debes ser honesto contigo mismo y coger las riendas de tu vida. Comprométete y responsabilízate de tus acciones para liberarte de la carga mental.

Deberías pasar a la acción y conectar con tu niño interior. Dejar atrás los prejuicios. Aprende a disfrutar del lado divertido de la vida para llenarte de paz y tranquilidad. No dejes que nada te perturbe lo suficiente para caer en la tristeza. Agradece todo lo que tienes y aléjate de las quejas. Busca lo bueno de cada situación.

Si tu elección es la carta número 3:

Tu ser te pide trabajar, desde tu plano emocional, la intuición. Debes estar atento y seguir los pálpitos de tu corazón. En tu interior están todas las respuestas. Mira hacia dentro y escucha tu interior. Confía en ti y en tu potencial.

La dificultad está en la capacidad de síntesis. Libérate de tu parloteo mental y de los pensamientos negativos. Aprende a poner orden en tu mente a través del sentido común. Debes llegar a la esencia de las cosas. Simplifica lo que te ocurre para poder encontrar una solución mejor.

Deberías pasar a la acción y finalizar este ciclo de tu vida en el que te encuentras para poder liberarte. Observa lo ocurrido desde otra perspectiva, desde la compasión y la comprensión. Acepta para liberarte y pasar página. Focalízate en el futuro.

SENDERO XVIIII
SOCIABILIDAD
Yo Soy tu, tú eres Yo

19

Sociabilidad

(Trabajo en equipo, creatividad mental, unión).

Color: Naranja fuego.

Mineral: Ojo de tigre.

Infusión: Clavo, Manzanilla, Mandarina.

Es el sendero que te conecta con las relaciones humanas. Es el aprendizaje que refleja la comunicación y la expresión verbal, física y mental.

«Somos más sociables y nos hacemos querer más por nuestro corazón que por nuestro talento».

Molière

El sendero de la sociabilidad une los planetas *Hod* (Afinidad) y *Yesod* (Inconsciente). Une el centro mental con el centro de la personalidad. Refleja la salud, la vitalidad, la dualidad y la integridad. La mente puede influir en tu inconsciente. Si tus pensamientos son luminosos, positivos y llenos de amor, en tu inconsciente se grabarán ideas positivas. Si, por el contrario, tus pensamientos son negativos, estos se grabarán en tu inconsciente en forma de semillas negativas que te llevarán al sufrimiento.

- Sociabilidad -

Las personas somos seres sociables por naturaleza. Nos rodeamos de un grupo de personas y sentimos la necesidad de compartir y experimentar juntos. Los animales también viven en manadas, crean sus grupos y sus enlaces de unión. La sociedad en sí también nos impulsa a integrarnos socialmente, incluso hoy en día, con la aparición de las redes sociales, quizás demasiado.

Ser una persona sociable ayuda a que tu vida sea más feliz, a que tu autoestima aumente. Sentirse reconocido y querido te hace ser más abierto y tener una personalidad más empática.

Nos rodeamos de personas que tienen unos gustos similares. Sociabilizamos en un grupo de baile, un grupo de lectura, en grupos de aventureros, de cineastas... La vida nos va juntando con las personas que buscan el mismo fin para divertirse, para hacer deporte o que simplemente buscan la felicidad a través de una actividad. Esto nos aporta bienestar, poder compartir experiencias, hablar y desconectar de nuestro diálogo interno.

De niños tenemos esta habilidad de sociabilización mucho más activa. Para los niños es muy fácil empezar una conversación, ya sea con los de su misma edad o con adultos. Saben relacionarse sin complejos, sin juzgar. Ven con los mismos ojos a una persona pobre o rica, de raza blanca o negra, etc. Esta habilidad se va cerrando conforme pasan los años, cuando empiezan a florecer miedos, vergüenzas, situaciones que te marcan, patrones que vas heredando de tu alrededor o de la sociedad en sí, o cuando vas reforzando tu propia personalidad. Los prejuicios, las envidias y las competencias empiezan a surgir justamente cuando se agrupan los niños según sus cualidades concretas. Al haber una similitud entre ellos, se da la oportunidad a la comparación, haciendo florecer estas actitudes en la vida.

Cuando la sociabilización es libre de prejuicios y sana, este contacto con otras personas te beneficia en progresar, en encontrar diferentes puntos de vista que te hacen reflexionar, en vivir experiencias que tú solo no podrías experimentar. Estas relaciones mejoran tu salud emocional y mental.

La parte negativa de la sociabilización se refleja cuando las personas de tu alrededor pueden ejercer una influencia en ti y en tu personalidad. Si tienes una baja autoestima, rodearte de otras personas llega a ser una necesidad y dejas que estas dirijan tu vida.

Por otro lado, aunque es necesario el compartir y

vivir experiencias con otras personas, también debes permitirte momentos de soledad y de reflexión, momentos para disfrutar de tu compañía, conocerte y saber lo que quieres y lo que no. Necesitas conectar con la naturaleza y disfrutar de esta soledad que, en realidad, no implica estar solo, sino estar contigo mismo.

Entonces entendemos que debe haber un equilibrio entre soledad, introspección y conexión interior con la sociabilidad y las relaciones humanas.

"Conciliación conmigo misma"

Historia personal de Reyes.

«Cuando aceptas tu parte vulnerable, tu luz y tu sombra se unen».

Reyes Rodríguez

Cada persona tiene un proceso personal que desarrollar. Cada uno de nosotros lleva dentro de sí una lucha. En mi estudio del Árbol de la Vida Personal se refleja claramente un karma en este sendero, en el aprendizaje de la sociabilidad.

Desde que tengo uso de razón me considero una persona un poco ermitaña, una persona que más bien mira hacia dentro. Soy una persona que experimenta cierta incomodidad en el ámbito social, y quiero compartir mi vivencia de cómo se vive la timidez.

Llevo trabajando de cara al público desde los diecisiete años, por lo cual me he visto envuelta en bastantes situaciones similares a las que te voy a contar, y no solo en el trabajo, sino en todo mi ámbito social.

¿Padeces de rubor facial?

Si es así me vas a entender al milímetro. Inesperadamente y de pronto experimento situaciones incómodas. No me doy cuenta y ya me veo inmersa en una sensación de sofoco interno. Empiezo a sentir calor en la cara, algo que proviene de dentro, y de pronto soy consciente de lo que está ocurriendo: mi cara se ha puesto roja como un tomate. Cuando yo percibo esta situación, se me descontrolan los nervios, ¡tierra, trágame! Siento vergüenza porque sé que los demás se han dado cuenta y empiezo a ponerme más encendida, hasta que el rubor alcanza mi cuello. Todo mi ser empieza a sudar y siento sensación de sofoco y descontrol. En muchas ocasiones, la propia persona que tengo delante me dice: «¡Te has puesto colorada!». ¿Hay necesidad de recalcar una evidencia?

Me he pasado una gran parte de mi vida condicionada por mi timidez; toda mi existencia ha estado basada en miedos y prejuicios absurdos. Seguro que alguna vez has sentido vergüenza en alguna situación. La vergüenza aparece cuando sientes que estás siendo juzgado, criticado o atacado. Debes darte cuenta de que solo tú eres tu peor enemigo, que es tu mente quien te juega una mala pasada, jugando a adivinar lo que piensan los demás. Llegó el día en que pude hacerle frente o, por lo menos, me dejó de condicionar. Mi forma de entender la vida poco a poco fue cambiando y, entonces, es cuando tomé conciencia: me dejó de importar lo que pudieran decir o pensar los demás.

El padecer rubor facial no se corrige, se trata de una respuesta como mecanismo de defensa a la interacción social, así que mi única opción para que no me afectara fue aceptarlo y asumirlo.

Hoy en día cuando me pongo colorada me digo por dentro: «Sí, Reyes, ya estás colorada otra vez, ¿y qué?». Intento respirar para aliviar mi tensión. La verdad es que no me pongo colorada por nada en particular, lo puede provocar una frase que yo diga, puede ser algo que han dicho o incluso cuando me echan un cumplido, cuando entro a comprar a un lugar nuevo, cuando voy a tomar un café a un bar o una cafetería o cuando hago una llamada telefónica para preguntar algo. Yo tengo mis propias emociones, así que depende de la emoción que la situación provoque en mí me pongo como un tomate o no. Antes me provocaba malestar, aunque ahora lo vivo como algo puntual; y sí es cierto que me molesta en ese mismo momento, pero no le doy mayor importancia.

Los episodios que recuerdo más tensos eran el hablar con algún chico. Me ponía colorada y mi mente empezaba su diálogo: «¿Se pensará que me atrae? Si no es así, qué vergüenza...». Ahora me sigue pasando, como he explicado, pero lo que ha cambiado es mi manera de aceptarlo y naturalizarlo.

Si te sientes identificado con todo esto, tengo una buena noticia: se dice que las personas que nos ruborizamos tenemos calidez humana, somos muy sinceros y honestos.

«Entre la multitud me encuentro.

Expuesta me veo.

Mi cuerpo se paraliza,

una incómoda sensación recorre todo mi ser.

No puedo controlar la situación,

me siento incómoda.

La vergüenza se apodera de mí, me bloquea.

No puedo escapar de esta emoción.

Mientras más pienso en ello,

más se agrava mi tensión.

No comprendo por qué me ocurre esto.

Me inquieta, me molesta...

Quiero desaparecer.

Me armo de valor, saco fuerzas

y acepto esa parte vulnerable que hay en mí».

Reyes Rodríguez Vázquez

SENDERO XX
COMUNICACIÓN
Yo Soy expresión mental. Yo soy palabra decretada

20

Comunicación

(Conocimiento, juicio, crítica, expresión mental, diálogo interno).

Color: Marrón luminoso.

Mineral: Calcedonia.

Infusión: Hierbabuena, Madreselva, Caléndula.

Es el sendero que te conecta con tu mente y sus funciones y capacidades. Aporta racionalidad y entendimiento para poder expresarte mejor.

«Lo importante es saber cuándo hablar y cuándo quedarse callado».

Séneca

El sendero de la comunicación une los planetas *Hod* (Afinidad) y *Malkut* (Materialización). Es la unión de la mente con lo físico y representa cómo la mente puede actuar en el mundo físico. La mente actúa a través del juicio, elabora conceptos de la información que hay en el mundo de la materia. Estos conceptos te ayudan a poner orden, pero, por otro lado, son también una limitación. Si te conviertes en esclavo de estos conceptos mentales pueden limitarte tu mundo sensorial. Por una parte, se capta la información procedente del mundo físico para ser utilizada desde la mente concreta; y, por otra, te libera de la inercia de la materia y te empuja a evolucionar. El alma vital *Nefesh*, al ascender por este sendero, se transforma en alma racional.

- Comunicación -

Comunicar es la capacidad de transmitir una información. A través del lenguaje piensas, te comunicas, reflexionas, te expresas, opinas... es la raíz de toda relación o actividad en cualquier ámbito de tu vida personal, social o laboral.

Cada persona tiene su propio lenguaje y las palabras pueden ser duales, siendo capaces de definir sentidos distintos según cómo se usan y cómo se perciben. A veces puede ser diferente lo que llegas a entender de lo que realmente quieren transmitirte en una conversación.

El entendimiento se produce a través de una conexión entre las palabras expresadas con tu propia manera de entender tus ideas, pudiendo ser malinterpretada una conversación y desencadenar conflictos de entendimiento. Por ello la importancia de aprender a comunicarse. Y no solo a comunicarse, sino también aprender a escuchar y a hacer una valoración de lo recibido antes de responder, juzgar o malinterpretar. Ponerte en el lugar del otro puede ayudarte a entender lo transmitido.

Tus palabras también deben ser analizadas antes de expresarlas para no influenciar ni dañar a nadie, utilizando la sinceridad positiva, de la que hemos hablado antes, para hablar sin ofender.

La comunicación es necesaria. Es diálogo, intercambio de ideas y conocimientos. Como seres sociables nos gusta relacionarnos con otras personas, y las relaciones sociales satisfactorias aumentan la autoestima y te hacen sentir feliz.

Toda relación satisfactoria debe tener una comunicación abierta y honesta para comprender el punto de vista del otro y hacer entender el tuyo. De igual manera, cuando no se expresa aquello que sientes y queda enquistado en tu interior, te puede provocar un bloqueo energético y producirte malestar. De aquí la importancia de la comunicación.

- La crítica y juicio -

Cuando una persona es crítica está evaluando a la otra persona a través de su propio juicio sin un análisis previo o sin conocimiento. Las críticas están cargadas de patrones mentales, cuestionando qué está bien y qué está mal. ¿Quién determina esta vara de medir? Normalmente la crítica va acompañada de una comparación y, si comparas, estás juzgando.

Hay que recordar que cada persona vive su vida como quiere o como puede. Cada uno es dueño de su propia vida y nadie es superior para sentenciar a nadie. Todos somos diferentes y cada uno tiene su visión de la vida, por eso no hay nada bueno o malo. Hay que respetar las maneras de hacer de los demás a través de sus criterios y su margen de error porque todo el mundo se equivoca, y corregir es de sabios, así que aléjate de la crítica y mucho más si no es constructiva. No es necesario comprender cómo actúan los demás si para ti no es perjudicial.

- El poder de la palabra -

Las palabras poseen un gran poder vibracional. A partir de las palabras utilizadas en una conversación puedes crear distancia o cercanía, puedes transmitir una emoción u otra. Una palabra grosera o fuera de lugar puede desencadenar la ruptura de un vínculo con otra persona, mientras que recibir una simple palabra bonita o amable puede llegar a alegrarte el momento. Esta capacidad de crear o destruir también se encuentra en tu diálogo interno. Un diálogo positivo te refuerza la autoestima y te lleva a un estado de vibración elevada, de forma que, con la ley de atracción, atraes más situaciones de vibración alta y positiva. Cuando utilizas un diálogo negativo hacia ti, puedes llegar a crear estados de depresión, de apatía y de desvalorización. Te baja la vibración energética atrayendo de igual manera situaciones negativas y de baja vibración.

Cuestiónate cómo es tu diálogo interno y qué parte predomina: ¿un diálogo positivo o negativo?

Las palabras crean la realidad. Un diálogo interno negativo crea una vida negativa. Un diálogo positivo crea una vida positiva.

Debe existir una coherencia entre lo que expresas y lo que quieres conseguir. Si lo que quieres es mejorar, tener una vida exitosa y despreocupada, pero tu vocabulario es pobre y pesimista, esta vida que imaginas no llegará nunca a materializarse.

Cuando transformas tus pensamientos en palabras, le estás dando mucha más fuerza vibracional. Tu futuro depende de ello y de todo lo que transmites, así que empieza a cambiar tu diálogo interno y a consecuencia tu modo de hablar. Utiliza siempre frases positivas. Elimina o transforma todas aquellas frases negativas. Deja de utilizar la negación y verás resultados increíbles en tu vida. Todavía estás a tiempo, nunca es tarde para hacer un cambio y empezar a crear ahora el futuro que realmente deseas.

El simple hecho de pensar sobre un tema determinado puede cambiar tu estado de ánimo. Por lo general, no se es consciente de la gran importancia de tener un diálogo interno responsable. Céntrate en cómo deseas pensar en vez de en cómo piensas por defecto.

«No nos afecta lo que nos sucede, sino lo que nos decimos acerca de lo que nos sucede».

Epicteto

- La comunicación gestual y pictórica -

No solo nos comunicamos a través de la palabra o la escritura, también nos comunicamos a través de los gestos corporales o señales. Hay muchas acciones determinadas para «hablar sin hablar» y que otra persona te entienda, por ejemplo, cuando levantas el dedo para hacer autoestop o para dar tu *ok*, son señales que todos entendemos. Un abrazo también transmite muchos mensajes de amor, empatía y seguridad. Incluso puedes comunicarte de una forma artística mediante un baile. Por ejemplo, donde interviene el sentir o el tacto. A través del arte y la pintura encontramos la comunicación pictórica, por la que se transmite una serie de emociones mientras realizamos una obra o cuando la contemplamos.

Las emociones también pueden ser transmitidas mediante gestos corporales o faciales.

Identificar estos gestos te puede ayudar a conectar con la otra persona y saber cómo se puede sentir o cómo está emocionalmente, empatizar con ella y poder tener una mejor comunicación entre ambos.

- Habilidades de comunicación -

El saber preguntar, escuchar y transmitir, son habilidades imprescindibles para llevar a cabo una buena comunicación y entendimiento.

En el siguiente esquema puedes ver los pasos a seguir para obtener una dirección efectiva ante la comunicación con los demás.

Saber preguntar	Saber escuchar	Saber transmitir
¿Qué?	-Ideas clave	¿Qué?
¿A quién?	-No interrumpir	¿A quién?
¿Cómo?	-No preparar respuesta	¿Cómo?
¿Cuándo?	-Empatía	¿Cuándo?
	-Reformulación	¿Vías?

SENDERO XXI
ESCUCHA PROFUNDA
Yo Soy introspección, Yo Soy conexión, cielo y tierra

21

Escucha profunda

(Decisión, acción, culminación, ser uno mismo).

Color: Azul añil.

Mineral: Ópalo.

Infusión: Jazmín, Cedro, Abedul.

Es el sendero que te conecta con tu ser más puro para llegar a ser tú mismo. Te ayuda a tomar decisiones a través de la experiencia, pasar a la acción y llegar a tu realización.

«Voy a escuchar el silencio para encontrar el camino».

Marc Anthony

El sendero de la escucha profunda conecta el planeta *Yesod* (Inconsciente) con el planeta *Malkut* (Materialización). Te ayuda a desprenderte de todo aquello que te ata y a eliminar los apegos. Es un sendero de expansión de conciencia. Acepta la realidad del dolor como medio de evolución y aprendizaje, siendo consciente de que todos poseemos la capacidad de trascenderlo. El sendero comunica las experiencias sensibles obtenidas en el plano material con el plano astral de la personalidad, y las experiencias emocionales con el plano físico. Parece el último camino, pero en verdad es el primero, pues desde aquí la persona empieza su evolución, saliendo de lo material en dirección a la comprensión de la personalidad.

- Escucha profunda -

Llegar a ser quien eres realmente es muy importante, al igual que ser fiel a ti mismo, para poder tener satisfacción y conseguir las metas que te producen felicidad. Es ser tal cual, vivir desde tu esencia verdadera, desde tu «Yo», y no dejarte llevar por las tradiciones, los valores ni los patrones limitantes. Lo más importante es el autoconocimiento, saber qué cosas se te dan bien, cuáles son tus verdaderos valores, qué es lo que te motiva en esta vida y, ante todo, qué quieres ser. Para llegar a la culminación de tu realización tu intención no debe estar enfocada en gustar a los demás, sino en aceptarte tú tal y como eres, ya que cada uno es único e irrepetible. Debes actuar en base a lo que piensas y sientes para vivir en la autenticidad de tu ser.

Ser uno mismo implica permitirte sentir, reconocer y aceptar lo que sientes, aunque no te guste o creas que no es correcto, y actuar en consecuencia en cada momento.

Debes encontrar el equilibrio entre los dos procesos mentales: el proceso emocional y el racional.

¿Has escuchado alguna vez que «el dolor es inevitable, pero el sufrimiento es opcional»? En ocasiones la vida duele, pero debes levantarte y reponerte. Cuando el dolor persiste se convierte en un sufrimiento, pero es un gran maestro y debes aprender de él, ya que te ayuda a ser mejor persona y más fuerte, así que necesitas ser capaz de establecer los límites del dolor y valorar lo que ha sucedido. En muchas ocasiones el sufrimiento trae un antes y un después a tu vida.

- Decisión/acción/ culminación -

Eres tú mismo quien ejerce el control voluntario al decidir cómo actuar y reflexionar sobre lo que vas a hacer y de qué manera hacerlo.

Seguro que muchas veces te cuestionas qué hacen las personas exitosas para conseguir estar donde están. Es muy sencillo, el éxito se encuentra en la actitud, basada en la decisión y la acción. Lo primero es saber lo que quieres, después tomar la decisión de llevarlo a cabo para conseguirlo y, finalmente, poner acción.

Piensa por un momento: si supieras con certeza que lo que deseas lo vas a poder culminar y va a ser todo un éxito, ¿qué harías?

No solemos prestar atención a cómo conseguir nuestros deseos porque el miedo no nos deja ver más allá, pero seguro que has podido comprobar en alguna ocasión que, cuando te propones algo y te mueves, empiezan a surgir oportunidades, así que debes pasar a la acción y hacer cosas distintas, porque ya sabes que no puede haber un resultado distinto si siempre haces lo mismo. Si hay situaciones que siempre acaban de la misma manera, son repetitivas y quieres cambiarlas, simplemente cambia tú. Cambia la manera de actuar, la manera de decir las cosas o la manera de enfocar la situación, y verás cómo los resultados también son distintos.

• Ejercicio de instropección

- Las 6 preguntas de introspección para el auto conocimiento -

Responde las siguientes preguntas con tranquilidad en tu libreta y seguidamente analízalo e interiorízalo.

¿Qué se me da bien?

-Aptitudes

-Rendimiento Académico.

¿Qué me merece la pena?

-Valores

-Normas

¿Cómo me veo y como me ven? Relaciona los siguientes puntos.

-Motivación

-Actitudes

-Autocontrol

-Autoeficacia

-Ansiedad

-Estrés

-Autoconcepto

-Autoestima

-Habilidad de relación

-Habilidades de relación interpersonal

¿Conozco mi entorno?

-Familiar

-Escolar

-Social

¿Qué quiero ser?

-Proyectos personales de estudio y/o trabajo

¿Qué me interesa y me gusta?

-Intereses

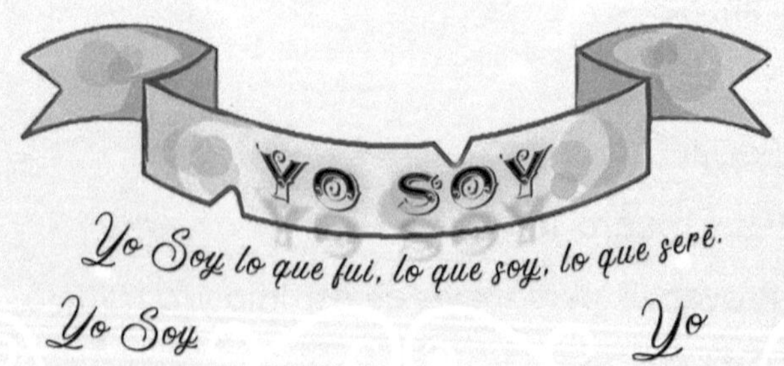

Yo Soy lo que fui, lo que soy, lo que seré.

Yo Soy   Yo

22

Yo Soy

(Entrega, paciencia, aceptación, fe).

Color: Amarillo muy claro.

Mineral: Ópalo.

Infusión: Jazmín, Abedul, Cedro.

Es el sendero que te conecta con tu verdadera esencia, ayudándote a aceptar quién eres para poder entregarte a ciegas a la vida.

«Yo Soy el dueño de mi destino, Yo Soy el capitán de mi alma».

William Ernest Henley

El sendero del «Yo Soy» une el planeta *Kether* (Espiritualidad) con *Jokmah* (Imaginación). Representa la primera idea que hay en el ser humano, ignorando su origen. También refleja lo impredecible, el no saber cómo reacciona la inconsciencia divina. Representa un viaje sin retorno. Cuando pasas de *Jokmah* a *Kether*, tienes que perder toda noción de identidad para poder fusionarte con la unidad. Al entrar en *Kether* encuentras el inconsciente, y lo mismo ocurre cuando duermes.

- Yo Soy -

«Yo Soy» se traduce como «Yo Soy el que Soy». La palabra «Yo Soy» es la afirmación de la verdadera existencia, la afirmación de que hay una verdad y una realidad. «Yo soy el que Yo Soy» significa que estás más allá de cualquier existencia, que «eres» aunque no tengas un cuerpo mediante el cual manifestarte. Vamos a ampliar un poco más este punto.

Nada es más importante que el amor hacia uno mismo, por eso debes responsabilizarte de tu vida y, como persona libre, elegir tu propio camino.

No hay nadie en la tierra que sea como tú. Sí es cierto que puedes encontrar alguna semejanza, pero nadie es idéntico a ti. Por lo tanto, «Yo Soy» significa tu esencia única y divina: «Yo Soy dueño de mi vida, Yo Soy mi cuerpo y decido todo aquello que quiero hacer. Yo Soy el dueño de mi mente y de mí depende el cuestionar todas mis estructuras. Yo Soy dueño de mí mismo y por eso puedo reconstruirme cada vez que lo necesite».

Tomar el control de tu vida con calma y paciencia te llevará a encauzarla y a darle sentido. Disfrutar de cada instante solo es posible con paciencia. Hay que vivir sin prisas, pero sin pausa, generar una acción y esperar que las cosas sucedan cuando sea el momento idóneo.

La falta de paciencia es agitación, desasosiego y una actitud de no aceptación sobre el curso natural de los hechos.

La paciencia es una base imprescindible en la vida para tu desarrollo personal.

La comprensión sobre el sentido de la vida llega cuando te cuestionas *por qué* o *para qué* vivir, cuando tu ser necesita saber qué ha venido a hacer en esta vida o simplemente saber quién es.

Cuando quieres adentrarte dentro de ti e ir más allá, adentrarte en una búsqueda profunda, cuando buscas o anhelas comprender todo respecto a tu persona y la realidad del mundo que te rodea, es en ese momento preciso en el que se despiertan todas tus inquietudes espirituales, y se despierta también la conexión de tu «Yo Soy».

La respuesta a la pregunta «¿Qué he venido a hacer en esta vida?» queda muy lejos de lo que siempre nos han contado. Nos inculcan que la vida consiste en nacer, crecer, reproducirse y morir, pero si has llegado a este punto del libro significa que tu interior te muestra que hay mucho más. La Cábala te enseña que tu alma viene a realizar una tarea mucho más profunda. El objetivo de toda alma es alcanzar la evolución más pura y unirse con la energía de la totalidad. Para llegar a ser un alma pura debes experimentar todo tipo de vivencias para comprenderlas y poder sanar. El alma necesita de un cuerpo físico para poder vivir estas experiencias terrenales, y, cuando este cuerpo muere, el alma retiene todo lo aprendido y sigue su camino hasta que se vuelve a reencarnar para experimentar nuevos aprendizajes y así seguir evolucionando.

Para vivir estas experiencias terrenales el alma tiene una misión de vida y un propósito de alma. Los cuales hemos abordado a conciencia en el primer libro *¿Por qué soy como soy?*.

- ¿Cómo identificar la misión de vida? -

La misión de vida reside en tu vocación, en todo aquello que realizas en esta vida que te empuja a experimentar la evolución.

Tu vocación está formada por diferentes partes: las afinidades, todo aquello que te gusta hacer y lo estudias o lo aprendes y lo desarrollas; los dones innatos, todo aquello que realizas bien sin esfuerzo, y los patrones heredados, lo que llevas heredado de tu árbol genealógico, aquello que sabes hacer igual que alguno de tus ancestros.

La misión de vida es temporal. En cada vida tienes tu misión y puede ir cambiando. A lo largo de la vida vas experimentando y tus gustos van cambiando, al igual que tu vocación. Esta misión surge de tus gustos, de tus emociones y de tu personalidad.

- ¿Cómo identificar tu propósito de alma? -

El propósito de alma forma parte de la evolución completa de tu ser. Es atemporal porque el alma no muere, y lleva este propósito vida tras vida hasta completarlo. Este propósito lo guía tu intuición, que surge de tu inconsciente.

El conjunto de la humanidad tiene una misión conjunta, que es restaurar el amor incondicional y llegar a la unidad. La Cábala nos muestra que, al principio de los tiempos, hubo un desequilibrio energético, una explosión que expandió infinitas chispas, las cuales debemos volver a poner en su lugar.

La misión personal la encuentras haciendo una toma de consciencia a través de la introspección, cuando reconoces tu inconsciente y tu «Yo Soy».

Para llegar a encontrar cuál es tu propósito del alma personal, debes observar los patrones de repetición. Cuando reconoces y cambias o transmutas estos patrones es cuando empiezas a llevar a cabo tu misión del alma y comienzas a evolucionar.

Hay patrones de repetición en experiencias vividas. Por ejemplo, hay personas que siempre encuentran parejas tóxicas o maltratadoras, y la cuestión no es dejar una y encontrar otra, sino ver qué debes aprender de ello para que no se repita más.

Hay otros patrones de repetición que se reiteran en experiencias diferentes, por ejemplo, si encuentras una pareja controladora y después este control se repite en tu jefe o en un amigo...

También debes poner atención a tus comportamientos.

Debes reconocer los patrones de repetición en cuanto a tu manera de actuar ante una situación y modificarlos para que la situación cambie. Debes reconocer los estados emocionales, analizar tus emociones ante los acontecimientos y aprender a controlar estos estados.

También es muy importante reconocer los patrones genéticos heredados. Cuando actúas igual que una madre, un padre o como alguien de tu familia, debes cambiarlo para cortar con la transición genética y limpiar el árbol hacia tus predecesores.

Por último, debes aprender a reconocer los patrones kármicos, aquellos aprendizajes que vienen de otras vidas, las tareas pendientes. Para reconocerlos puedes utilizar la meditación, ia hipnosis, las regresiones, conectar a través de los sueños lúcidos y, sobre todo, utilizar la herramienta que te proporcionamos: el estudio de tu Árbol de la Vida personal, donde puedes reconocer toda tu esencia en esta vida.

"Reencuentro con mi Yo Soy"

Historia personal de Reyes.

«Cuando menos te lo esperas, la vida te sorprende y te da las respuestas».

Reyes Rodríguez

Todos mis recuerdos del pasado, de la infancia y la adolescencia quedaron grabados vagamente en mí, y muchos de ellos simplemente ni los recuerdo. La verdad es que los recuerdos son bastante escasos, como si parte de ellos se hubieran borrado, originando en mí una sensación de vacío. Será que mi inconsciente tiende a borrar todos mis recuerdos, tanto dolorosos como agradables. Cuántas veces me pregunté sin repuesta aparente «por qué me sucede esto» o «quién soy yo realmente», pero si no podía recordar mi historia vivida en primera persona, no podía pensar cómo era ni cómo sentía.

Todas estas preguntas necesitaban ser resueltas y, aparte de muchas otras, fue lo que me condujo a este maravilloso mundo de la energía. Debía conectar con mi interior y retomar el poder en mí.

Siempre había tenido la sensación de que me faltaba algo y no sabía el qué. Yo me decía a mi misma: «Si tuviera una hermana gemela hubiera sido tan distinto...». Me hubiera encantado experimentar la sensación de ser dos. Siempre pensaba que ojalá yo, el día de mañana, pudiera tener gemelos, ¡qué alegría! Esa sensación de afinidad y compenetración me perseguía, y no sabía por qué.

Un día de pronto tuve respuestas a todas estas preguntas. No sabía cómo encajar toda esa información que estaba recibiendo, pero en mi interior algo me decía que había parte de cierto en ello. Me encontraba en una formación de tarot terapéutico y estábamos en las prácticas cuando yo me ofrecí voluntaria para realizarlas. La pregunta fue muy sencilla: ¿por qué no recuerdo la mayor parte de mi pasado?, y se decidió llevar a cabo la lectura del nacimiento. Barajé las cartas y las coloqué encima de la mesa, la primera carta que encabezó la tirada era la de los hermanos gemelos. Mi cuerpo por un momento se paralizó, todo entero se erizó y mi vello parecía escarpia. Estaba asombrada de lo que mis ojos estaban viendo y mi reacción de golpe terminó cuando la profesora confirmó lo que yo estaba viendo. Sus palabras no dejaban de resonar dentro de mí: «Se percibe claramente que en los primeros meses de gestación venían dos embriones y, con la segunda carta, se percibe cómo el cuerpo se desprende de uno de ellos. Es decir, Reyes, tuviste una hermana gemela que antes de los tres meses de gestación fue absorbida por el otro embrión». ¿Yo absorbí a mi hermana? Qué locura, ¿verdad? No daba crédito a todo esto.

La pérdida de mi gemela ha sido la causante de experimentar la sensación de vacío, y de ahí todas mis lagunas. Lo sé, es difícil de creer. Toda esta información parece de una película de ciencia ficción.

Durante las siguientes horas de curso no podía dejar de pensar en ello. Nada más acabar, fui directa a casa y empecé a buscar información como una desesperada. Para mi asombro, lo primero que encontré fue «gemelos fantasmas», llamados también «gemelos evanescentes», y es que uno de cada ocho individuos compartió el útero materno con un hermano que nunca llegó a desarrollarse. Este embrión es absorbido por el otro embrión, por la placenta o por la madre. No daba crédito a toda esta información, parecía una locura, pero la sentía tan cierta... Necesitaba compartir esta historia e indagar más. Se lo expliqué todo a mi madre. Ella se sorprendió y, con cara de incredulidad, me dijo: «Tú, niña, estás *chalá*»; entonces busqué la información en internet de nuevo y se lo mostré. Aquí cambió un poco su reacción y reflexionó sobre que antes no era como ahora, y ella, por ejemplo, fue al médico solo una vez cuando supo que estaba embarazada de mí, y no volvió hasta el momento del parto. No había entonces ecografías que lo pudieran haber demostrado. De igual manera, no siempre se puede demostrar porque al hacer la primera ecografía normalmente ya ha sido reabsorbido.

En fin, no sé a ciencia cierta si esta historia que os cuento es real, pero yo la percibo como tal. Lo último que terminó de confirmármelo fue la visita a una vidente que, nada más llegar, me dijo: «No vienes sola, alguien te acompaña. Tienes una hermana, ¿verdad? Se llama Celeste y es tu gemela».

Después de ese día dejé de hacerme preguntas sobre mi existencia...

LOS ONCE PLANETAS DE MI IDENTIDAD

El Árbol de la Vida está formado por once centros de energía, diez visibles y uno invisible. Cada uno tiene una cualidad principal y un nombre. Nosotras los hemos plasmado en forma de planetas.

A diferencia de los senderos, los planetas te ayudan a conectar con tu parte más abstracta, tu parte espiritual.

Trabajar con los once planetas te llevará a la culminación de tu viaje, donde tu alma conectará con el universo y tu identidad. Como ya sabes, todos somos unidad. Lo que es arriba es abajo, lo que es adentro es afuera, tú eres yo y yo soy tú.

Todos somos energía proveniente del todo. Ahora empezarás a vivir en sintonía con el universo.

Para poder dirigir tu vida tienes que ser capaz de cambiar las circunstancias, todo dependerá de las semillas que plantes.

Cada capítulo contiene:

Un incienso: te recomendamos un incienso para conectar con cada planeta. Te ayuda a meditar. Representa el elemento aire asociado a la mente, al pensamiento, a la inteligencia, al análisis y al razonamiento.

Un aceite esencial: puedes trabajar con aromaterapia poniendo en un quemador el aceite esencial recomendado, con agua o en un difusor. Cada aceite te ayuda a elevar la vibración correspondiente de cada planeta.

Una vela: las velas reflejan el elemento fuego. Te dan fuerza y valor. Cada planeta está conectado a un color, igual que los senderos. Puedes encender una vela del color del planeta que quieras trabajar para potenciar la energía en ti.

Una ley universal espiritual: las leyes universales son los principios que gobiernan cada aspecto del universo y son los medios por los cuales nuestro mundo y el cosmos entero continúan existiendo, prosperando y expandiéndose. De la misma forma que en el plano físico existen leyes, en el plano espiritual/mental también. Estas leyes se han podido comprobar científicamente. La física cuántica ha revolucionado este campo estudiando los átomos y haciendo una relación entre energía y la frecuencia vibrariónal de la que está formado todo lo que existe. Todo es energía. Como ya hemos dicho, todos somos uno con el universo. Utilizar las leyes universales te ayuda a alinearte con esta fuerza poderosa. La energía fluye, y cuando todo fluye en armonía hay perfección. Interiorizar las leyes universales te dará paz interior y comprensión de vida, desvaneciendo las dudas, los miedos, las comparaciones, los juicios y todo aquello que te produce emociones negativas.

En tu ***Diario de mi identidad*** puedes ampliar el trabajo con los planetas. Estos también disponen de sus meditaciones, las cuales puedes encontrar en nuestra web.

KETHER
ESPIRITUALIDAD
Ley de la conexión

1

Espiritualidad
Kether

Incienso: Mirra, Sándalo.

Aceite esencial: Mirra, Sándalo, Cedro.

Vela: Blanca.

Ley: Ley de la conexión.

Conectar con este planeta te aporta la visión de que las limitaciones no existen y que los milagros son posibles. Te conecta con la parte más abstracta, con la propia creación y con el universo.

«La consciencia espiritual se desarrolla cuando eres flexible, espontáneo, desapegado y amable con los demás».

Deepak Chopra

Kether (Espiritualidad) representa el punto de origen y partida de todo el árbol. Es el comienzo de la creación. Es el planeta que emana el torrente de energía que inunda tu cuerpo de la cabeza a los pies. Es la fuente de vida, la consciencia cósmica.

Kether simboliza la corona del triunfo, de la realización. Es lo que da sentido a la vida, pero al mismo tiempo no forma parte de la creación, es parte de todo lo que existe.

Es de *Kether* de donde brotan todos los universos, las galaxias, las estrellas, los planetas y todo cuanto puedas llegar a imaginar, es la manifestación más elevada y pura. Es la chispa divina del ser, el espíritu único del que un día partiste en busca de experiencias vivenciales y al que un día regresarás colmado de sabiduría, amor y plenitud.

Es el planeta espiritual por excelencia. En él se concentra toda tu energía, y es desde aquí donde tu energía se divide y se distribuye por todo tu árbol, haciéndote ser quién eres.

En el plano físico se le atribuye a *Kether* ser el generador de todo movimiento de la creación. Constituye tu movimiento diario. Sin ese movimiento se paralizaría la vida y, con ello, tu vibración descendería y podrías adentrarte en el terreno de la depresión.

Representa la propia esencia, atemporal y libre.

En el plano emocional se relaciona con el acto de movimiento y no quedarte paralizado. Deberás acabar lo que empiezas o iniciar menos proyectos. Dejar cosas a medias es como ir acumulando cosas viejas hasta quedarte sin espacio.

Se relaciona con el séptimo chakra, llamado corona o *Sahasrara*. Representa tu conexión espiritual. Cuando no está equilibrado, se manifiesta con el apego a las cosas o personas. Para que fluya este chakra debes trabajar tu autoconocimiento y el desapego. El mantra del séptimo chakra es:

«Tengo todo lo que necesito».

- Ley de conexión -

La grandeza del universo se inscribe en las cosas más pequeñas, en el día a día, en todo lo que ocurre, en todo acto, toda decisión y elección personal. Incluso los encuentros y las «causalidades»; todo, absolutamente todo, está interconectado con el universo.

Cuando algo se mueve, todo lo demás también se mueve. Si algo se rompe, todo lo demás también se rompe. Si algo cambia, todo cambia.

El presente es el resultado de los pasos que has realizado en el pasado. El aquí y ahora fluye de una manera u otra por tus actos, pensamientos y decisiones que tomaste anteriormente. De igual manera que las decisiones presentes afectarán a tu mañana.

La ley de la conexión te ayuda a ser más prudente en cada una de tus decisiones y a comprender el porqué del momento presente.

- Espiritualidad -

«Espiritualidad», una palabra de la cual muchos huyen como si de algo manipulador se tratase. Algunos, sin saber por qué, se sienten atraídos hacia ella. Otros la observan de lejos con cierto recelo, pero sin perderla de vista.

Nos encontramos en un momento de la evolución donde la palabra «espiritualidad» está cobrando vida, está siendo descubierta ante la humanidad y desintoxicada por la sociedad y las viejas religiones.

La espiritualidad va mucho más allá de una religión o una doctrina, lejos de las órdenes, las recompensas y las culpabilidades. La definiríamos como una acción personal, un reencuentro contigo mismo.

La humanidad ha ido evolucionando en busca de respuestas ante el mundo que nos rodea, respuestas sobre la evolución del planeta, los acontecimientos y el funcionamiento de la naturaleza. De la misma manera nos cuestionamos algo más interno: quiénes somos, qué sentimos, por qué somos, cómo somos... Aquí empieza el viaje hacia la espiritualidad, cuando en tu interior despiertan estas preguntas profundas y sientes la necesidad de indagar y de encontrar respuestas. Muchas veces este viaje empieza con un profundo sentimiento, justo en un momento de tu vida en el que tocas fondo, un momento en el que te sientes más perdido que nunca. En este momento es cuando se enciende la luz. Es el comienzo hacia el reencuentro de tu esencia.

La espiritualidad se refiere a la unidad entre lo esencial personal del ser humano y el «todo». Por otra parte, también entendemos como espiritualidad la búsqueda interpersonal para encontrar la plenitud, la paz y la felicidad real en todo, en todos y en cada momento, en medio de los conflictos y las desolaciones sociales.

Encontrando la evolución en esta vida material llegas a la evolución plena en la vida espiritual.

La espiritualidad es la esencia de la transformación, del autodescubrimiento y de la evolución. Te ayuda a recorrer un camino de crecimiento y expansión.

No puedes vivir fijándote solo en las necesidades físicas y materiales.

-Los cuatro principios básicos de la espiritualidad-

Existen cuatro principios básicos en lo que a la espiritualidad se refiere. Aceptarlos y llevarlos a cabo te ayuda a eliminar ansiedad, miedos, dudas y malestar interno.

Las personas que se cruzan en tu camino siempre son las correctas. Todas, las que quieres, las que no soportas, las que te dan amor y las que te hacen daño. Todas te aportan un aprendizaje, grande o pequeño, pero cada una deja su huella en ti, de igual manera que tú dejas huella en la vida de los otros.

Lo sucedido no podría haber sido diferente. Cuánta ansiedad y tiempo perdido conlleva el pensar «qué habría pasado si hubiera cogido el coche en vez de ir andando», «si no le hubiera dicho esto» o «si hubiera escogido otro trabajo», etc. Todo va sucediendo a partir de unas elecciones que tienen sus consecuencias. Las casualidades no existen, como afirmamos en nuestro primer libro. Entonces, no debes malgastar tu tiempo en hipótesis que no tienen ninguna utilidad. Lo hecho, hecho está, y ha ocurrido como debía ocurrir.

Todo empieza en el momento oportuno. Debes aceptar que todo pasa cuando tiene que pasar. Cuando algo empieza es porque es el momento adecuado. Olvida frases como «si te hubiera conocido antes» o «ahora ya es demasiado tarde». Aprovecha y disfruta lo que la vida te da en cada momento. Nunca es tarde, siempre es el momento perfecto.

Cuando algo se termina déjalo ir. Ser esclavo de situaciones o personas te genera emociones negativas que te perturban en el presente y que no te dejan disfrutar del ahora. Deja atrás las dependencias que crean inseguridades, fluye con la vida. Acepta y transmuta lo que se va porque ya no te sirve o, simplemente, era el momento de su fin.

JOKMAH
IMAGINACIÓN
Ley del enfoque

2

Imaginación
Jokmah.

Incienso: Incienso, Laurel.

Aceite esencial: Incienso, Laurel y Flor de Azahar.

Vela: Gris.

Ley: Ley del enfoque.

Conectar con este planeta te aporta claridad, te ayuda a potenciar orden y gestión. Te conecta con la capacidad de tener ideas e inspiración, aportándote confianza y fe en ti.

«La imaginación crea la realidad».

Richard Wagner.

Jokmah (Imaginación) representa el lado derecho del cerebro, donde afloran las ideas. Este planeta contiene la sabiduría y transmite la información y el conocimiento para la evolución. La sabiduría no conoce límites, es el mundo de las ideas, de la luz, de la más alta inspiración del idealismo en estado puro y del conocimiento supremo. Desde aquí se hace posible la inspiración, los inventos, los descubrimientos... Suele prenderse en la mente como un destello de luz que ilumina aquello que hasta entonces permanecía a oscuras.

En el plano físico se le atribuye la suerte. Te recuerda que hay que trabajarla y tomar acción en lugar de esperar a que te llegue por arte de magia o como caída del cielo.

Ser afortunado no es otra cosa que trabajar para lograr tus sueños. Se trata de saber actuar de la forma adecuada.

Lo que realmente vale la pena será difícil y costoso, pero no decaigas y sigue luchando para alcanzar tus metas. Haz caso a tu intuición, ahora sabes cómo potenciarla. Sé optimista y aprovecha al máximo las oportunidades.

En el plano emocional se le atribuye las emociones que surgen al conectar con una idea.

Se relaciona con el sexto chakra, que se encuentra en el entrecejo y es conocido como *Ajna*. Está relacionado con tu intuición, tu tercer ojo. Cuando está desequilibrado puedes sentir confusión, crear ilusiones mentales que no existen y miedos irracionales. Físicamente puede provocarte dolor de cabeza y problemas de vista. Para que fluya correctamente debes hacer caso a los pálpitos de tu corazón a través de la introspección. El mantra del sexto chakra es:

«Yo Soy lo que Soy».

- Ley del enfoque -

La realidad está llena de oportunidades, de abundancia, de éxito, de logros y de felicidad. La ley del enfoque es una herramienta con la que, si la utilizas y la integras en ti, podrás alcanzar todo aquello que desees.

Si vibras en conexión mente/corazón podrás conectar con todo aquello que el universo te tiene preparado. Pero si vibras a través de la carencia, el materialismo y la posesión, no lograrás hacer realidad tus sueños.

Esta ley te aconseja que enfoques tu energía en lo que quieres conseguir. Si tienes demasiados objetivos y quieres enfocarte en todos ellos, tu energía se dispersa demasiado. Debes ir poco a poco. Pon el enfoque en lo más importante, en el aquí y ahora, fija tu objetivo principal. Necesitas saber dónde quieres llegar y, sobre todo, no te desvíes del camino, aunque se tuerza.

Usa tu imaginación. Cierra los ojos y observa aquello que quieres conseguir. Siéntelo como si ya lo tuvieras. Vive las emociones. De esta manera, le estás comunicando al universo que aquello es para ti. Cuando desvías la atención, estás abriendo las puertas a las inseguridades (el «yo no puedo») y, acto seguido, viene la ira, el enfado que surge de la impotencia.

- Imaginación -

La imaginación es el instrumento clave para analizar la percepción de los acontecimientos, los recuerdos, los sueños y los pensamientos, así como para idealizar, crear y visionar el futuro.

Visualizas en tu interior la imaginación en forma de imágenes.

Todas las personas nacemos con imaginación. De niños poseemos esta habilidad magníficamente desarrollada e interiorizada en nosotros que nos hace ser espontáneos, creativos, artísticos y encontrar respuestas y maneras de hacer distintas. Sin embargo, vamos creciendo y nos centramos en el mundo del realismo, e incluso a veces son los mismos padres o educadores los que nos cortan este don. Es entonces cuando desconectamos el interruptor de la imaginación.

Imaginar también es idear, es indagar en múltiples posibilidades. Para llegar a tener tu sofá o tu televisor, ha habido alguien que lo ha imaginado primero.

Imaginar también te ayuda a materializar, te permite observar aquello que quieres conseguir, cómo conseguirlo y tomar acción para obtener el resultado, te impulsa adelante en la vida. Todo lo que imaginas con tu mente puede llegar a hacerse realidad.

Por ello es muy importante tener presente tu imaginación. Si tu imaginación está centrada en cosas negativas, despertarás en ti emociones negativas, le estarás dando fuerza a todo aquello que no quieres. Por el contrario, si imaginas situaciones felices, agradables y positivas, tu estado de ánimo cambiará por completo hacia un estado de paz y bienestar.

Para activar la imaginación simplemente no te fuerces a imaginar, y cuando tengas una idea no la elimines por juzgarla, por perfeccionarla, deja que fluya. Y, sobre todo, mantén una actitud positiva y haz actividades para disfrutar y dejar el pensamiento negativo.

En el siguiente esquema podemos ver las fases que recorre la energía obteniendo como resultado una idea.

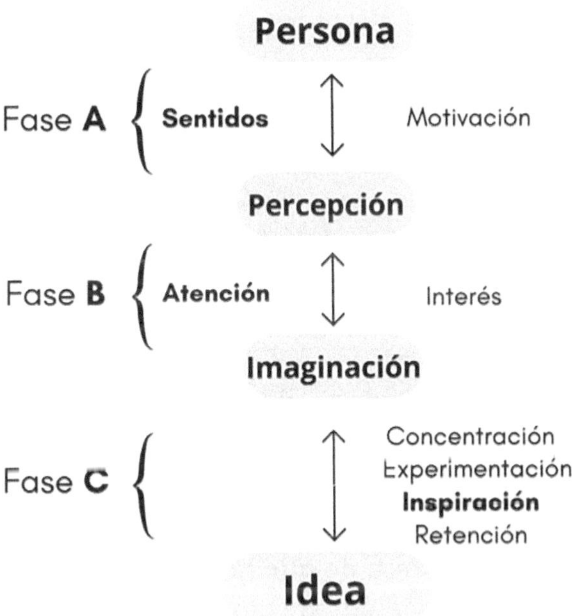

- Canalización -

Imaginar no es canalizar.

La imaginación es un acto interno consciente o inconsciente en los sueños, y es la mente la encargada de activarla. Sin embargo, en la canalización la mente queda a un lado.

La palabra «canalizar» significa 'abrir canales'. Es una manera de, aun siendo consciente, dejar la mente en blanco para que fluya la intuición y ceder espacio para abrir estos canales de información externos a nosotros. Cuando la mente no está activa, las imágenes recibidas, las palabras o las sensaciones son canalizadas y no imaginadas.

La canalización se basa en conocimientos y sensibilidades psíquicas de una persona, obteniendo información que proviene de otras dimensiones.

Se utiliza para obtener respuestas, dudas o encontrar soluciones.

Todos tenemos la capacidad de canalizar, de conectar con otras dimensiones y cambiar la frecuencia o vibración energética.

De niños tenemos este sexto sentido muy activado, pero se va perdiendo, olvidándose, e incluso llegamos a tener la certeza de que la canalización proviene de nuestra imaginación, cortando de esta manera el flujo energético.

Cuanto más practicas esta técnica, cuanto más conectas con tu interior mediante la meditación o las técnicas para llegar a dejar la mente en blanco siendo consciente, más activas la canalización.

Cuando percibes la canalización no sabes qué ha pasado, cómo ni por qué, pero sabes que es real.

BINAH
REALIZACIÓN
Ley de la causa y efecto

3

Realización
Binah.

Incienso: Romero.

Aceite esencial: Romero, Menta, Ginseng.

Vela: Negra.

Ley: Ley de causa y efecto.

Conectar con este planeta te ayuda a vibrar en entusiasmo y alegría a través del entendimiento.

«Cada buscador ha de darse cuenta de que está destinado a ser un viajero hacia la autorrealización».

Sri Chinmoy

Binah (Realización) significa entendimiento. Es el proceso mediante el cual existe la capacidad de saber, y es donde la sabiduría se hace entendible y comprensible. Equivale a comprender el profundo por qué de las cosas. Asimismo, representa la toma de conciencia de ti mismo. Cuando llegas a *Binah* encuentras la explicación a todo, te ayuda a comprender el sufrimiento y el dolor. Y es que aparte del dolor físico hay un dolor mucho más profundo, un dolor espiritual que surge del sentimiento de separación de la unidad, pero, como todo dolor, debes vivirlo y experimentarlo para llegar a comprenderlo.

En el plano físico se le atribuye el entendimiento y la organización. Debes organizar cada espacio de tu vida para que las cosas funcionen mejor. Si llevas una vida organizada, los efectos serán mejores.

En el plano emocional representa el lado izquierdo del cerebro, donde funciona la razón, organizando el pensamiento para poder concretar.

Binah también se relaciona con el sexto chakra, igual que el planeta *Jokmah*.

- Ley de causa y efecto -

A veces nos centramos en la queja sin salir de ella. Nos quejamos por lo que nos pasa, lo que somos, lo que pasa a nuestro alrededor. Ponemos la atención en la reacción y, en vez de esto, deberíamos ponerla en la acción.

Cuando actúas con maldad, la reacción no será la deseada y, con ello, vendrán las quejas. Si actúas con bondad, obtendrás los resultados adecuados.

Todo depende de tu manera de actuar, de pensar y de decir las cosas.

«Todo acto tiene su consecuencia».

Si hay alguna situación que se repite y no te gusta piensa cómo actúas en ella, qué emociones sientes. La próxima vez que se repita, cambia tu modo de actuación. El resultado y la emoción serán totalmente distintos.

Las situaciones no cambian por sí solas, debes cambiar primero tu acción para poder ver un resultado diferente. A veces los resultados tardan en llegar, pero recuerda que todo lo que eres ahora viene por acciones pasadas, y las acciones de ahora crean tu futuro.

Lo que siembras llega un día que lo cosechas. Todo a su debido momento.

- Realización -

La realización, en términos generales, es cuando llegas a la culminación de algo, haciendo real y efectiva una idea u objetivo. Esta realización parte del momento en que en el planeta *Jokmah* se despierta una idea o concepto y *Binah* se encarga de estudiarla y llevarla a cabo. En este apartado nos centramos en otro tipo de realización: la realización abstracta, la realización espiritual.

- Realización espiritual -

Para definir la realización espiritual, te mostramos un texto de Eckhart Tolle, un escritor espiritual alemán conocido por una de sus grandes obras, *El poder del ahora*, y que define este concepto a la perfección:

«¿Qué es la realización espiritual? ¿La creencia de que somos espíritu? No, ese es un pensamiento.

Consiste en ver claramente que no somos lo que percibimos, experimentamos, pensamos o sentimos; que no podemos encontrarnos en todas esas cosas que vienen y se van continuamente.

Lo que queda es la luz de la conciencia en la cual van y vienen las percepciones, las experiencias, los pensamientos y los sentimientos. Ese es el Ser, el verdadero Yo interior.

¿Puedo sentir el Yo Soy que Soy en este momento?

¿Puedo sentir mi identidad esencial como consciencia?

¿O me dejo arrastrar por los sucesos, perdiéndome en el laberinto de la mente y el mundo?».

Eckhart Tolle

Este encuentro con tu ser, junto a la ausencia del Yo, es la base de las enseñanzas ancestrales de Buda.

Cuando te reconoces como el ser que eres todo lo externo se convierte en relativo. No eres dueño de cosas externas, no puedes poseer absolutamente nada de este mundo. De lo único que eres poseedor es de tu «Yo Soy». No eres dueño ni de tu hogar, ni de tu familia, ni de tu trabajo, ni de nada material que puedas obtener. Todo esto se queda aquí, y al final tú sigues tu evolución, dejas tu cuerpo y continúas tu camino.

La realización espiritual te muestra tu verdadera identidad, te mantiene en el camino espiritual de luz y de conciencia.

JESED
AMOR
Ley del dar y la hospitalidad

Amor
Jesed.

Incienso: Canela.
Aceite esencial: Canela, Jazmín, Limón, Mandarina.
Vela: Azul.
Ley: Ley del dar y la hospitalidad.

Conectar con este planeta te aporta el deseo de compartir. Te ayuda a poner luz a la oscuridad. Te abre la conciencia para poder comprender el amor incondicional hacia ti y hacia todo y el altruismo.

«El amor incondicional no espera nada de los demás. Cuando somos amorosos, no tenemos limitaciones ni exigimos nada de los demás para amarlos. Los amamos como son, aunque sean irritantes».

David R. Hawkin

Jesed (Amor) es el planeta del amor incondicional. Un amor humanitario, altruista, transpersonal, desinteresado y sincero. Cuando conectas de corazón a corazón. En el ámbito de pareja corresponde a un amor maduro, profundo, desapegado, respetuoso y honesto. Este es el verdadero amor. De este modo, aquí nos encontramos con la expansión y el crecimiento, como una multitud de espermatozoides buscando un óvulo. Te aporta, desde tu conciencia humana, entrar en contacto con una fuerza muy espiritual. Es donde encontramos los maestros ascendidos.

En el plano físico se le atribuye la expansión: quien no consiga inspirar amor en otros corazones no tendrá la energía suficiente para expandirse.

El principio es la voluntad de dar sin olvidarnos de reconocer y agradecer todo lo que recibimos.

En el plano emocional se le atribuye la gratitud, la bondad, la generosidad y el altruismo.

Se relaciona con el quinto chakra, llamado *Vishuddha*, que influye en la comunicación y el poder de palabra y está situado a la altura de la garganta. Cuando no está equilibrado puedes tener dificultades en tu comunicación (vergüenza, timidez, limitaciones en expresar lo que sientes o lo que piensas). Físicamente puedes padecer problemas de garganta, como afonía o faringitis, por ejemplo. Para que este chakra tenga un buen funcionamiento debes trabajar tu expresión verbal. El mantra del quinto chakra es:

«Yo Soy expresión sin límites».

- Ley del dar y la hospitalidad -

Dar, una acción que no siempre vemos con buenos ojos. No te cuesta dar cuando has recibido, lo relacionas con una recompensa hacia el otro en muestra de agradecimiento.

Sin embargo, esta ley te enseña que el verdadero aprendizaje es cuando tienes la capacidad de dar sin haber recibido y sin esperar nada a cambio. Incluso dar, aunque tengas lo justo para ti.

Al aprender a dar aquello que es tuyo, aprendes también a ofrecer parte de tu energía.

Este acto lleno de humildad y de amor, lejos del egoísmo, recoge y expande la idea de acoger al otro como parte de uno mismo.

Cuando quieres conseguir algo y te enfocas solo en el «Yo» estás obviando la unidad, solo piensas en tu bien y no en el del otro. Nosotras siempre recalcamos que todo tiene su efectividad y es aceptado desde las leyes universales cuando haces, dices o piensas para tu bien y para el bien de los demás.

Si quieres conseguir tus objetivos, deséalo para los demás y el universo te lo dará por duplicado.

El acto de dar, de la hospitalidad, de la unidad, se lleva a cabo a través del amor, y recordemos que el amor es la mayor fuerza, que todo lo puede.

- Amor -

El amor es la necesidad más básica del ser humano, es la fuerza que mueve el mundo. De la misma manera que necesitamos comer y respirar, se necesita amar, ser amado y amarse a uno mismo. Una vida sin amor es una vida vacía. Y no hablamos solo del amor de pareja, sino del amor en general, en todos los ámbitos.

¿Quién no conoce el amor? Te hayas enamorado o no, alguna vez has visto el amor reflejado en otras personas; lo has visto en películas, en cuentos, en mensajes a través de poemas y canciones que hablan de amor, en historias de amor desinteresado... Hay un sinfín de ejemplos a tu alrededor que te transmiten una idea de amor diferente a la que nosotras te vamos a explicar.

El verdadero amor es el que se da sin pedir nada a cambio. De igual manera a todos nos gusta ser correspondidos.

Estamos rodeados de frases como «sin ti no soy nada» o «no puedo vivir sin ti», frases que relacionamos inconscientemente con el amor, pero que, en realidad, son frases de apego y necesidad.

El amor tiene que ser natural, espontáneo, que salga de lo más profundo de tu corazón, de tu ser, no desde la carencia o la necesidad.

Este amor de apego lo podemos encontrar en relaciones de pareja en las que se pueden vivir situaciones de excesivo control, dominación, celos o ataduras. Ese «te necesito». El amor pensando solo en ti y en tus necesidades en vez del amor pensando en ti, en el bien del otro y las necesidades de ambos.

En las familias también encontramos este amor de apego, como el sentimiento que puede tener un hermano mayor hacia su hermano pequeño o los padres hacia sus hijos. Se trata de un sentimiento de protección que surge de este amor egoísta que somete a la otra persona a aguantar limitaciones solo por el instinto protector o de cuidar que se tiene hacia el más joven.

- Amor incondicional -

Vamos a hablar sobre el amor sano, el amor incondicional, sin apegos, sin ataduras. El amor que no compromete, que no somete. Un amor liberador.

El amor incondicional es el amor puro, el amor reflejado hacia otra persona, animal o incluso la naturaleza, y que anhela la felicidad de la otra parte sin preocuparse de cómo beneficia a uno mismo. Este amor es transmitido sin esperar nada a cambio. El amor incondicional, en cuanto al amor de parejas o de amistad, necesita ir acompañado de un respeto mutuo.

Debe ser una emoción acompañada siempre de la comunicación no ofensiva, la escucha hacia la otra persona, el respeto, el equilibrio, la empatía y la asertividad.

También refleja la comprensión de que todos somos uno, de ver al otro de igual a igual, de que todas las personas quieren lo mismo que tú: ser felices. Y cada uno lleva su mochila. Este amor no juzga, no critica, simplemente comprende a través de la bondad.

Como has aprendido anteriormente en la introducción del libro, existen los oponentes, uno imprescindible para la existencia del otro. El oponente del Amor es el Odio. Cuando hablamos del amor incondicional, este debe atravesar diferentes fases liberándose de sentimientos de necesidad, miedos e intereses. Un amor pleno, puro e incondicional es aquel que no está condicionado ni sometido a apegos y preocupaciones.

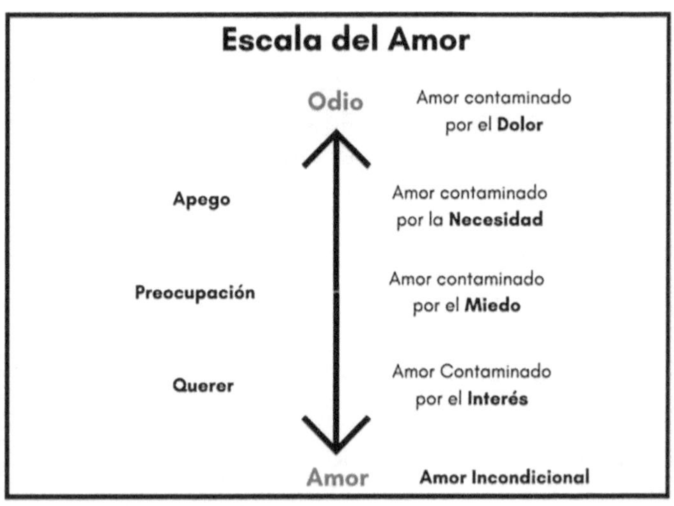

-Amor Incondicional Personal-

El amor incondicional también debes aplicarlo en ti. Hace referencia a la autoestima, la capacidad de quererte que tienes tú mismo hacia tu persona. Este amor está formado por:

Empuje: Determinación y confianza en uno mismo para actuar.

Dulzura: Terminar con las auto exigencias y los "debería" autoimpuestos.

Perdón: Sanar viejas heridas para estar más íntegro en ti.

Aceptación: Honestidad. Aceptación objetiva de quién eres realmente, no de lo que te dice tu mente.

Seguridad: Creer y tener fe en ti mismo.

GEBURAH
JUSTICIA
Ley de la responsabilidad

5

Justicia
Geburah.

Incienso: Salvia.

Aceite esencial: Salvia, Eucalipto, Benjuí.

Vela: Roja.

Ley: Ley de la responsabilidad.

Conectar con este planeta te aporta renovación mental. Realinea tus pensamientos en la dirección de tu crecimiento interior. Te aporta capacidad de análisis, inteligencia, fuerza mental y posibilidad de liberarnos del pensamiento negativo.

«El más grande fruto de la justicia es la serenidad del alma».

Epicuro

Gevurah (Justicia) significa severidad. Severidad y misericordia son dos partes que deben estar siempre en equilibrio. Aquí se encuentran las fuerzas de la severidad, el orden y la restricción. *Geburah* pone límites al amor de *Jesed*; como el amor hacia un hijo, este amor debe tener unos límites para llegar a una buena gestión emocional.

En el plano físico se le atribuye la rectificación: de los errores se aprende y son necesarios para poder avanzar. Deberemos rectificar todo lo que no esté bien hecho.

En el plano emocional se le atribuye la crítica, la culpabilidad y el reproche. Durante tres días intenta no criticar nada ni a nadie, trata también de no quejarte. Cada vez que erres vuelve a comenzar, parece un ejercicio fácil, pero no lo es. Compruébalo e intenta llevarlo a una rutina de vida para siempre.

Este planeta se relaciona con el sexto chakra, igual que el planeta *Jesed*.

- Ley de la responsabilidad -

Antes de hablar de la responsabilidad en sí, hablaremos de la culpa.

¿Existe la culpa? ¿Existe aquello que tiene la culpa de lo que te sucede?

Esta ley te ayuda a abrir los ojos y a comprender que todo lo que eres y todo lo que te ocurre es tu responsabilidad. Cuando algo te duele, buscas la culpa en el exterior para encontrar alivio y cobijo, para engañarte internamente y pensar que algo ajeno a ti ha causado tu sufrimiento.

Sin embargo, esta ley va más allá. Nos habla de la responsabilidad interna. Cuando algo malo te sucede significa que hay algo mal en tu interior. Tu alrededor es simplemente un reflejo de ti mismo.

La felicidad depende de lo que haces, lo que dices y lo que piensas; depende de tus silencios, de tu ausencia o de tu acción y tu palabra.

De igual manera, hay cosas que se escapan de tus manos, situaciones que suceden como un rayo y, en un segundo, producen un giro de 180 grados en tu vida. En estos casos lo que importa es tu actitud y tu reacción ante ello.

«Sé responsable de tu persona, de tus palabras, acciones y reacciones».

- Justicia -

La justicia significa equilibrio y armonía, y este equilibrio tiene que partir de la misericordia y la severidad. Para que exista justicia debe haber un equilibrio entre posibilidad de perdonar un error y la severidad de hacer cumplir las leyes.

La justicia hace referencia a que estamos atados a las consecuencias de nuestros actos.

De este modo, para fluir correctamente debes atender al sentido de la ética y a tu voz de la conciencia.

Cuando tus actuaciones no van en consonancia con la justicia se activa la ley del karma.

- Karma -

«Karma» es una palabra en sánscrito que significa 'trabajo, acción, labor, resultado y efecto'. El karma puede ser positivo o negativo, y todo depende de ti. Cualquier cosa realizada en un pasado vuelve a ti en un futuro.

Cuando actúas desde el bien para todos, el karma se manifiesta en positivo; cuando actúas desde el mal, el karma se manifiesta en negativo. Esto indica que depende de tu modo de actuar que la vida te traiga experiencias buenas o malas. Ante las buenas acciones el karma actúa a modo de recompensa; por el contrario, si actúas con malas acciones, el karma actuará en modo de castigo.

Según la Cábala, el karma puede no manifestarse en una misma vida, pudiendo arrastrar experiencias kármicas buenas o malas en otras vidas, así que actúa con justicia y la vida te traerá más justicia para ti. No te preocupes por recibir en un futuro, pon toda tu atención en el presente y en tus acciones del ahora.

«El karma no es la venganza del universo, es la consecuencia de tus acciones».

TIFERET
ALMA
Ley del aquí y ahora

6

Alma
Tiferet.

Incienso: Albahaca.

Aceite esencial: Albahaca, Palo de rosa.

Vela: Amarilla.

Ley: Ley del aquí y ahora.

Conectar con este planeta te ayuda a promover el conocimiento de uno mismo. Estimula la introspección y el autoanálisis. Te aporta claridad mental para llegar a la esencia de todo.

«Confía en tu plan de alma, aunque no lo entiendas, y ten la certeza de que todo saldrá bien...».

Deepak Chopra

Tiferet (Alma) está situado en el centro del árbol. Es la consciencia que se encuentra presente en todo lo que haces y está conectado a todos los senderos. Tu conciencia puede proyectarse en cualquier dirección: a través de la (mente) *Hod*, las (emociones) *Netzah*, los (sueños) *Yesod* y con la energía de *Geburah* (fuerza) y *Jesed* (amor).

Es el centro energético donde se ubica tu alma y se le atribuye la belleza, ya que todas las almas, al porvenir del espíritu, son almas puras. Su esencia es divina, eterna e inmortal.

Tiferet es el corazón del ser humano, tu «Yo superior», el «Yo Soy». Todas las decisiones que tomas salen de este centro energético.

En el plano físico se le atribuye la conciencia, nuestra voz interna.

En el plano emocional se le atribuye el pensamiento y la humildad, el tener la percepción y captar los mensajes del universo, estar atentos a las señales, saber escuchar.

Se relaciona con el cuarto chackra, llamado *Anahata*, que se sitúa a la altura del corazón. Está relacionado con el amor y es el encargado de controlar tus sentimientos y emociones. Cuando no está equilibrado puedes sentirte triste, con baja autoestima, depresión o falta de confianza. Para que fluya correctamente debes trabajar la autoaceptación, abrazarte en tu totalidad, sentirte y amarte. Reconócete y acéptate tal y como eres. El mantra del cuarto chakra es:

«Yo Soy Yo».

- Ley del aquí y ahora -

Carpe diem. ¿Conoces esta expresión? Seguramente la has escuchado varias veces en tu vida. Como un logotipo, como una frase inspiradora que «queda bien».

Carpe diem significa vivir en el presente; algo tan simple y que la mayoría del tiempo no practicamos. Es la causa de gran parte del sufrimiento de la humanidad.

Cuando vives el presente vives tu vida al máximo, ya que estás en modo de «atención plena». Cuando te enfocas en tu pasado, en lo que pasó, en lo que hubieras podido hacer o decir, generas un conflicto interno, escapando del momento presente.

¿Te suena la frase «Si hubiera hecho esto o lo otro…»? Sé consciente de que no puedes volver hacia atrás y de que no sirve de nada anclarse en el pasado. Lo único que puedes hacer es centrarte en el presente y actuar aquí y ahora. Tampoco sirve de nada enfocarse en el futuro, en el «qué pasará», en los «¿y si…?». ¿Tienes acaso la capacidad de adivinar el futuro? Hay un sinfín de posibilidades y solo una será la realidad, no vale la pena sufrir por algo que todavía no ha sucedido y que posiblemente nunca sucederá.

Es un acto que requiere práctica y mucho autocontrol, ya que la sociedad no nos ayuda a centrarnos en el presente. Nos inculcan presiones, ansiedades, metas…

Solo céntrate en ti, en tus anhelos, en lo que quieres, en tus valores, actúa y vive ahora. Disfruta de cada segundo de tu vida. Encuentra la felicidad y la plenitud aquí y ahora.

Invierte tu energía en lo que está ahora en tus manos.

- Alma -

El alma es la parte inmaterial que reside en el interior de tu cuerpo material. El alma se encuentra en el planeta *Tiferet*, justo en medio de todo el Árbol de la Vida. Es el lazo de unión entre el mundo espiritual y el mundo terrenal. Transmite una conciencia unitaria y te lleva a reflejar la armonía y la belleza interior en el exterior a través de toda acción.

Es la unión entre espíritu y personalidad. El alma actúa como mediadora de los dos extremos: la parte espiritual, donde a través de la meditación conectas con el poder de la creación, y la parte material, donde reside el poder de materialización.

El alma contiene todo el conocimiento de todas las experiencias vividas. Contiene toda la sabiduría de la creación y se conecta directamente con la fuente creadora.

Cuando conectas con tu alma, conectas con el universo.

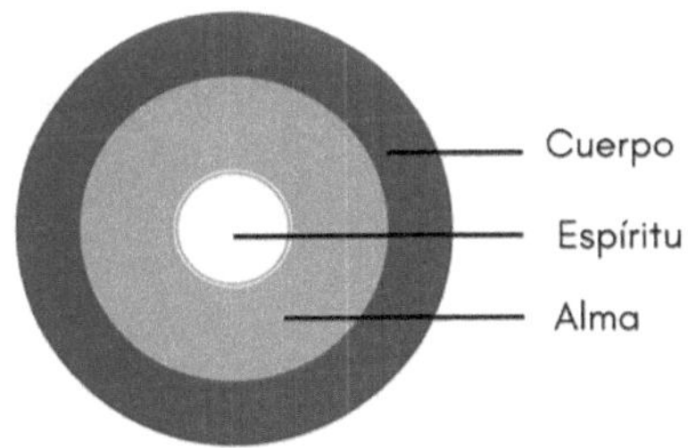

Cuerpo	Alma	Espíritu
Presente	Pasado	Futuro
5 sentidos Vista (ver) Oído (oír) Tacto (tocar) Olfato (oler) Gusto (degustar)	**Mente** Pensamiento Sentimiento Emociones	**Conciencia** Comunión Intuición Amor

NETZAH
CONFIANZA
Ley de la paciencia y la recompensa

7

Confianza
Netzah.

Incienso: Canela.

Aceite esencial: Geranio, Canela, Bergamota.

Vela: Verde.

Ley: Ley de la paciencia y la recompensa.

Conectar con este planeta te ayuda a superar los sufri-mientos y frustraciones de la vida afectiva, sanando todo lo que tiene un origen afectivo.

«La mayor gratificación es la que llega finalmente tras unir paciencia y persistencia».

Netzah (Confianza) representa una serie de energías que sirven de combustible para tu acción. Es el impulso necesario que necesitas. Este planeta se relaciona con las emociones, es la inspiración de algo más elevado a la comprensión, el conocimiento revelado, sin necesidad de pasar por la razón. Aquí también se encuentran el arte y la creatividad.

Es el planeta de la pasión, el arrebato, la impulsividad y lo artístico. Aquí encuentras el amor maduro, sincero, profundo y pasional. Cuando sientes, gozas y vives. Asimismo, representa alegría, entusiasmo, ilusión, magia, fantasía, arte, sensualidad y erotismo.

En el plano físico se le atribuye la armonía: debemos encontrar el equilibrio para que todo resulte más fácil.

En el plano emocional se le atribuyen las emociones, y representa todo lo que sea sentimiento, afecto, amor, cómo lo vivimos o cómo estamos conectados.

Se relaciona con el tercer chakra, llamado *Manipura*, que está situado a la altura del ombligo. Se relaciona con tu poder. Cuando no fluye correctamente puedes experimentar falta de confianza o falta de fuerzas para enfrentarte a la vida, sentido de inferioridad o vergüenza. Físicamente puedes tener malestar físico general o problemas digestivos. Para trabajarlo debes comprometerte contigo mismo, mantener un compromiso de integridad y hacer lo correcto aunque nadie te vea. El mantra del tercer chakra es:

«Yo Soy capaz».

- Ley de la paciencia y la recompensa -

¿Eres impaciente? ¿Quieres ver resultados ya?

La ansiedad es la consecuencia de la impaciencia.

Todo en esta vida requiere un proceso de ejecución para ver su realización. Hay acciones con las que rápidamente observaremos una reacción y, con ello, un resultado, y otras que debemos esperar un tiempo antes de que llegue nuestra recompensa.

Todo, tarde o temprano, tiene su efecto. Centra tu atención en sembrar semillas hoy y aliméntalas día a día sin enfocarte en el resultado. Simplemente llena de amor el proceso y te aseguramos que el resultado será mucho más satisfactorio.

Todo acontecimiento responde a una causa inicial. Tú construyes tu presente y edificas tu futuro, y todo implica esfuerzo, voluntad y determinación. Confía y no pierdas la fe. Persiste y todo llegará.

- Confianza -

La confianza es la esperanza que se tiene en que algo suceda, sea o funcione de una forma determinada.

Tener confianza a veces puede ser una tarea difícil, ya que depositas tu fe en otra persona o acción. Es algo que no depende de ti, confiar en que las personas serán capaces de actuar de manera adecuada o en la manera que crees que debe ser, y te puede producir desconfianza o incredulidad. Estos sentimientos van muy ligados a tu pasado; si te han mentido, si te han engañado, tu confianza en un futuro puede estar bloqueada.

La confianza se afianza en la época infantil, sobre todo en la relación con los padres, y esta se afirma cuando, en la adolescencia, te desapegas de tu núcleo familiar para afrentarte al mundo que te rodea.

«La confianza se refuerza en función de las acciones».

Serás más o menos desconfiado según las acciones de los demás, según lo que identifiques en acciones, palabras o hechos.

Debe existir une equilibrio en la confianza. Debe haber confianza para no vivir con miedo a los acontecimientos. Pero un exceso de confianza, de credulidad incondicional, también puede dañarte emocionalmente.

- Confianza espiritual -

También nos referimos, en este planeta, a la confianza espiritual, que es la confianza en que la acción para llegar a un objetivo dará sus frutos. Trata de confiar en que serás capaz de dar todo aquello que esté en tus manos delante de cualquier situación, en creer desde tu interior, sentir esta verdad y percibir la vibración. En definitiva, creer en ti y en tu persona.

Es una autoconfianza hacia uno mismo que no depende de nada externo. Esta confianza debe ser construida desde tu valoración, sin hacer caso a la valoración que hacen los demás de ti. Depende de aceptar tus errores y ver las experiencias desde su globalidad, sin autocastigos y con comprensión. Cuando no confías en ti, te infravaloras y, en consecuencia, no te crees capaz de llevar a cabo tus objetivos y tus metas, llegando a un estado de inacción y paralización que interfiere directamente en tu autoestima y tu felicidad real.

Nadie es perfecto, acepta tus errores y cree en tus potenciales, lucha y conseguirás todo lo que te propongas.

HOD
AFINIDAD
Ley de la humildad

Afinidad
Hod.

Incienso: Rosa, Bergamota, Jazmín.
Aceite esencial: Ilang, Jazmín, Palma rosa.
Vela: Naranja
Ley: Ley de correspondencia.

Conectar con este planeta te aporta la capacidad de trabajo en equipo para observar cómo te relacionas con todo y con todos.

«Las personas de distintas partes del mundo podrán tener diferentes costumbres, idiomas extraños. Pero hay algo más hondo en común: la afinidad que nos da saber que todos somos miembros de la familia humana. Todos somos hermanos».

Carlos Gardel

Hod (Afinidad) se relaciona con la mente. La facultad de razonamiento te ayuda a comprender los conceptos a partir de la comparación y de relacionar conceptos. Puedes ser capaz entonces de distinguir la verdad y la mentira. Cuando eres capaz de ir más allá de la dualidad, surge la comprensión y la iluminación. *Hod* es la mente concreta que permite dar forma a tus proyectos y te ayuda a superar las fases emocionales y los impulsos provenientes de *Netzah*. También representa la comunicación, las enseñanzas, la escritura y la transmisión de conocimientos, así como la memoria, los recuerdos y las tradiciones.

En el plano físico se le atribuye la comunicación. ¿Cómo te comunicas? ¿Los demás entienden lo que quieres trasmitirles? ¿Oyes, pero no escuchas?

En el plano emocional se le atribuye la mente, la consciencia de los mensajes que lanzamos a los demás y la comprensión de las situaciones y del lado emocional de las cosas.

Se relaciona con el tercer chakra, al igual que el planeta *Netzah*.

- Ley de correspondencia -

La ley de la correspondencia es una de las leyes más profundas, y une muchas de las otras leyes universales. Esta ley te ayuda a comprender lo que está más allá de tu percepción.

Refleja «Lo que es arriba, es abajo; como es abajo, es arriba». Tu exterior es tu interior, y puedes descubrir tu mundo interior observando el reflejo de tu mundo exterior. Tal como piensas, eres, dando a entender que con el pensamiento puedes modificar tu ser.

Esta ley hace referencia al movimiento. Todo está en continuo cambio, nada es permanente y puede ser modificado.

Aquí encontramos la conocida «ley espejo», que simplemente es una correspondencia de tus actos, pensamientos o palabras. Si te sientes bien contigo mismo, tienes una actitud y pensamiento positivo. Si tu diálogo interno también es de respeto y es generado desde el amor, tu reflejo exterior también será de serenidad, de buena organización y de fluidez. Si, por el contrario, tu actitud es pesimista, te sientes agobiado, estresado y tu diálogo interno está en tu contra, tu reflejo en la vida será difícil, pesado, estresante, desorganizado…

Como es adentro es afuera. Un ejemplo es que tu estado interno, tus bloqueos, tus emociones negativas y tus inseguridades son reflejadas a través de tu cuerpo en forma de enfermedad; es un reflejo de tu cuerpo.

Otro ejemplo para que entiendas el funcionamiento de la ley espejo es el dicho de «lo que ves en el otro está en tu interior». Es decir, si en tu camino encuentras personas que no te respetan, mira en tu interior qué es lo que haces para no obtener este respeto. Todas las situaciones incómodas están en tu vida, reflejándote aquello que debes cambiar o perfeccionar.

Por suerte, tú tienes el poder del cambio, y puede ser ahora el momento. Ninguna situación dura para siempre a menos que no hagas nada para cambiarla.

- Afinidad -

Afinidad es la conexión que hay entre situaciones, lugares o individuos. Es aquella conexión que existe cuando, sin saber por qué, al ver a una persona conectas con ella sin conocerla, o cuando, por el contrario, sientes la necesidad de huir. También puedes percibirla en lugares en los que sientes una vibración especial que te gusta, te reconforta permanecer allí, y lugares en los que no te sientes bien.

Son afinidades energéticas, tipos de energía que vibran o no con la tuya, aquellas que están «en la misma onda».

Tus círculos de amistad lo componen almas con energías afines. Cuando una de ellas se dispersa, se aparta de este círculo, lo que significa que su energía ha cambiado y vibra en otro sentido.

Debes tener muy presente este funcionamiento de conexión de afinidades o sintonías vibratorias.

Cuando vibras en negativo, como ya hemos mencionado anteriormente, atraes lo negativo o lo de baja vibración.

Aquí entran también en juego las energías de entes vagantes que hay a nuestro alrededor. Aquellas almas perdidas entre nosotros, almas desencarnadas existentes en otra dimensión, las cuales tienen un nivel de vibración muy bajo. Cuando sintonizas con un nivel de vibración mental negativo, tu vibración también baja. Te sintonizas con estas almas por afinidad a nivel vibracional, y estas pueden alertarte y provocarte malestar. Emitimos frecuencias energéticas constantemente, según nuestros pensamientos, emociones, y las acciones como resultado. Esta frecuencia vibracional atrae otras semejantes a ella en cada momento. Cada frecuencia que emites se sintoniza con las frecuencias afines que hay a tu alrededor, atrayendo personas o sucesos concretos en tu vida. Pero, como hemos estado recalcando, tú tienes el poder PARA ESCOGER UN CAMINO POSITIVO. Transmitiendo ondas de felicidad atraes más positivismo a tu alrededor y más felicidad real.

«Así como piensas, sientes. Así como sientes, vibras. Así como vibras, atraes».

YESOD
INCONSCIENTE
Ley del crecimiento

Inconsciente
Yesod.

Incienso: Lavanda, Sándalo.

Aceite esencial: Lavanda, Sándalo.

Vela: Lila.

Ley: Ley del crecimiento.

Conectar con este planeta te aporta conocimiento interno, conexión con tu alma y capacidad de introspección.

**«Donde quiera que vayas,
siempre estarás tú».**

Yesod (Inconsciente) representa el mundo de las imágenes. Aquí se producen todas las formas e imágenes que después se van a cristalizar en el cuerpo físico. En tu inconsciente se encuentran tus registros y grabaciones, tus patrones mentales y tus creencias. Por eso se dice que, cuando has vivido malas experiencias, quedan grabadas en el cuerpo físico y se pueden manifestar en enfermedad. *Yesod* también se relaciona con la curación, ya que, si eres capaz de cambiar las imágenes negativas por positivas, tu cuerpo físico también cambiará hacia vibraciones positivas. Tú puedes ser tu propia medicina.

En este planeta también es donde se graban las palabras. Cada vez que criticas o dices algo discordante contra ti o contra alguien, se queda grabado y luego se vuelve contra ti. Por lo tanto, sé consciente de tus palabras, tanto mentales como habladas. Busca un diálogo armónico.

En el plano físico se le atribuye la imaginación, la cual nos ayuda a crear.

En el plano emocional se le atribuye el límite para poder demostrarte que hay situaciones que puedes superar. A veces necesitas vivir situaciones límite para traspasar las barreras de lo que has establecido en tu vida.

Asimismo, representa el inconsciente, tus percepciones y la capacidad de visión. Aquí se encuentran todas las imágenes de tu inconsciente, y si tienes malos pensamientos, estos quedan grabados como imágenes en tu mente y te llevan a enfermar tu cuerpo físico. Si eres capaz de cambiar esos pensamientos negativos en positivos te puedes llegar a curar y superar. Aquí está almacenada toda tu personalidad, todos tus recuerdos, pero también tu percepción de quién crees que eres.

Se relaciona con el segundo chakra, llamado *Svadhishthana*, que se sitúa por debajo del ombligo. Representa la energía vital y se asocia con las emociones y la creatividad. Cuando no fluye correctamente sientes apatía, pereza, negatividad, dificultad para expresar tus sentimientos y falta de alegría o disfrute; te lleva al sentimiento de culpabilidad. Para que este chakra fluya correctamente debes agradecer lo vivido, vivir en el momento presente, identificar las emociones y transmutarlas. El mantra del segundo chakra es:

«Yo Siento».

- Ley del crecimiento -

Tu esencia reside en tu espíritu y el resto escapa de tu control, así que, si trabajas tu interior y conectas con tu identidad, podrás crecer y coger las riendas de tu vida.

Ante las adversidades, eres tú quien debe cambiar, no tu entorno. No esperes cambios de otros sin más. Cuando tú cambias todo cambia.

Es difícil llevar a cabo esta ley de crecimiento interior si te desconectas de ti mismo, si en vez de fijarte en ti pones la mirada en tu exterior, si ansías lo que no tienes, si envidias lo que tienen otros. Cuando quieres lo que tiene otro, piensa que otro envidia lo que tú tienes, y así sucesivamente. Entonces se pierde el valor de lo que cada uno tiene. De este modo, cuando agradeces y das valor a lo que tienes, sea lo que sea, la vida de recompensa.

«El que sabe disfrutar y agradecer lo que la vida le quiere dar, está preparado para que la vida le regale abundancia».

Céntrate en ti, conócete a ti mismo, quiérete y acéptate tal y como eres y con todo lo que tienes, porque puedes escapar o esconderte de todo menos de ti mismo. La única persona con la que recorrerás toda tu vida es contigo. Haz las paces con tu interior, y no busques fuera lo que tú mismo tienes y te puedes dar.

Para estar bien con tu entorno, primero debes estar bien contigo mismo.

- Inconsciente -

En el libro *¿Por qué soy como soy?* hablamos del inconsciente y mencionamos a Carl Jung, uno de nuestros referentes. Según los predecesores de Jung, el inconsciente es un conjunto de diferentes sistemas.

El primer sistema es el ego: la parte donde residen los pensamientos, los recuerdos y las emociones. Es la parte más consciente del inconsciente, la parte más visible.

La segunda es el inconsciente personal. Aquí se encuentra toda información olvidada, recuerdos reprimidos, patrones heredados, complejos y tus sombras; todo aquello que sale a través de actitudes y comportamientos inexplicables que tienen la respuesta en lo más profundo de tu alma.

Y, por último, el inconsciente colectivo. Encontramos aquí el concepto de unidad: recuerdos, acontecimientos, memorias y sabidurías de un pasado común, ancestral. Todo lo que nos conlleva a una evolución global.

En el inconsciente se encuentran las emociones, la gestación de tus proyectos y la esencia de tu alma, contactando directamente con el plano de la materia.

Aquí es donde se reúnen todos los centros energéticos provenientes de todos los senderos y planetas, y se filtran directamente en el mundo terrenal, el mundo físico. En el inconsciente reside todo aquello que ya existe, aquí no se crea nada. La creación proviene del planeta *Kether* y va tomando forma mientras la energía va bajando a través de los senderos. En el inconsciente se despierta lo instintivo, tu alma, tu personalidad y tus sombras.

La conexión con tu inconsciente te desvela toda la sabiduría por conocer.

- El inconsciente personal -

Tu «Yo» es el centro de tu consciencia. A partir del desarrollo de este arquetipo de ti mismo surge la primera fase, denominada *primer centro de la personalidad*.

El «Yo» no deja de ser un complejo de la personalidad por la necesidad de poseer. Sin embargo, el «Yo» forma parte del existir y de la identidad personal.

«Jung consideraba que los complejos no son patológicos, sino que representan partes esenciales de la mente, estando presente en todos los seres humanos, tanto en personas sanas como enfermas. Lo que más llamaba la atención de Jung sobre los complejos era su autonomía, pues parecen actuar a veces de manera independiente del *Yo*, y como si tuvieran una personalidad propia. En estados normales, esta autonomía cobra vida propia para producir los lapsus cotidianos. Pero en estos estados alterados, esta autonomía puede manifestarse como las conversaciones alucinatorias que escuchan los esquizofrénicos, como los espíritus que controlan a los médiums en trance o como las personalidades múltiples en casos de histeria. Consideraba que los complejos son inevitables y provocan, de manera normal, los grandes estados de ánimo. Tanto los sufrimientos como las grandes alegrías, convirtiéndose en la verdadera sal de la vida».

Extracto del libro *La psicología analítica de Jung y sus aportes a la psicoterapia*, de Juan Carlos Alonso González.

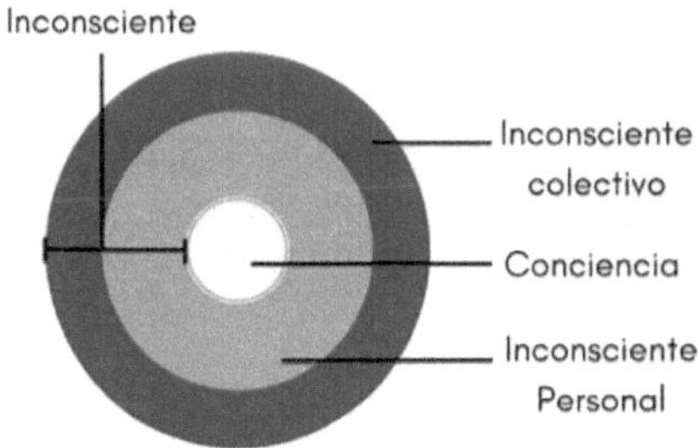

El inconsciente es la fuente de la consciencia, matriz de las nuevas posibilidades de la vida.

La dimensión personal del hombre no se considera autónoma y real, sino artificial. Como una especie de interfaz entre el inconsciente colectivo y la sociedad. Un rol que la sociedad impone a la persona a modo de máscara que deja manifestar algunos contenidos del inconsciente colectivo, pero que esconde la mayor parte.

MALKUT
MATERIALIZACIÓN
Ley de la creación

10

Materialización
Malkut.

Incienso: Cedro, Palo Santo, Mandarina.

Aceite esencial: Mandarina, Bergamota, Pomelo.

Vela: Negra, Marrón, Amarilla, Verde.

Ley: Ley de la creación.

Conectar con este planeta te aporta sentido común para saber gestionar tu día a día. Te enraíza a tu parte más terrenal e instintiva. Te aporta practicidad y seguridad.

«Somos parte de la corriente de nacimiento de la naturaleza y nuestras vidas se reproducen como el resto de ciclos naturales».

Malkut (Materialización) es la experiencia vivencial obtenida en el plano físico, la que te permite crecer y evolucionar en el mundo espiritual. Aquí se encuentran tus instintos más primarios, como el de supervivencia y el de reproducción, y todos aquellos que te permiten sostenerte y mantenerte a salvo.

Este planeta representa tu cuerpo físico, la conciencia de los sentidos. Necesitas traer la luz a este reino para que puedas entender la vida, para que puedas establecer un orden y una conciencia en el mundo material.

Para equilibrar este planeta debes controlar tus pensamientos.

En el plano físico se le atribuye la materialización que se produce cuando se cumple un objetivo y representa tus pies. Es la parte terrenal, te dará las claves de cómo intentamos sobrevivir y refleja las raíces de la persona. Corresponde a la conciencia de los sentidos para darle sentido a la vida, para establecer un orden a nuestro mundo material. Aunque tengamos muchas sensaciones, en ocasiones no somos conscientes de las mismas, de modo que debemos trabajar el mundo de los sentidos y prestar atención a lo que percibimos a través de ellos.

En el plano emocional se le atribuye la consciencia.

Se relaciona con el primer chakra, que se sitúa en la zona de los órganos sexuales. Este chakra te une a la tierra y te ayuda a ser más consciente. Asimismo, representa la supervivencia y los instintos primarios y cuando no fluye correctamente puedes tener miedos, desconfianza o incertidumbre. Para que fluya correctamente debes agradecer y soltar, amarte tal y como eres. El mantra del primer chakra es:

«Yo Soy».

- Ley de creación -

Aquí y ahora tienes todas las opciones y todas las capacidades de obtener todo lo que quieras en tu vida.

Existen muchos patrones limitantes que vienen de nuestro árbol generacional, otros nos los marcamos nosotros y otros la sociedad.

«No puedo», «No soy capaz», «Es demasiado difícil», «El otro es mejor que yo», «No tengo fuerzas», «No me atrevo»… ¿Te dices a ti mismo, en alguna ocasión, alguna de estas frases? Son patrones limitantes que te inculcas tú mismo y que serán verdaderos o falsos dependiendo únicamente de ti.

Crea ahora las opciones que quieras tener en tu vida.

Recuerda que «el ahora» es la consecuencia de tu pasado, y tu futuro depende de las acciones del presente. Tú creas tu propio futuro. Cambia el pensamiento en positivo, empieza a dar pequeños pasos y enfócate en lo que quieres y piensa que puedes. Entonces llegarán los cambios y la transformación.

- Materialización -

Partimos de la idea de que todo es energía, todo y todos somos energía. Por esto, entendemos que la energía se puede materializar.

Todo elemento material ha sido creado a partir de una idea en forma de imagen que surge de la inteligencia o canalización mental. La mesa de tu comedor, por ejemplo, ha sido primero imaginada o creada en la mente de su «diseñador». Para llegar a materializar esta idea energética, falta la segunda parte, de igual importancia que la primera: tomar acción.

Sin acción no hay materialización.

Por otro lado, existe otra teoría de materialización: la visualización con convencimiento atrae la materialización.

Todo lo visualizado, creyéndolo certero y sintiendo su existencia, se materializa en tiempo y espacio, aquí y ahora.

Existe un ejercicio que te hace reflexionar sobre estas dos teorías. Consiste en imaginar una moneda, sentirla, visualizarla tal cual es y tener el convencimiento de que existe y de que te está esperando. Sales a la calle y buscas la moneda. Al encontrarla, puedes aplicar las dos teorías. La primera sería pensar que a cualquiera le ha caído la moneda y que tú la has encontrado por casualidad. La segunda teoría, en cambio, sería: «Yo he visualizado la moneda creyéndola certera y esta se ha materializado para mí, atrayéndola a mi vida».

Ahora tú eres libre de creer en una teoría o en otra. Nadie puede afirmar que una de las dos teorías sea la buena con total certeza, pero a veces la vida te pone ante situaciones que experimentas de forma realmente inexplicable, surrealista. Es entonces cuando empiezas a creer en la magia del universo.

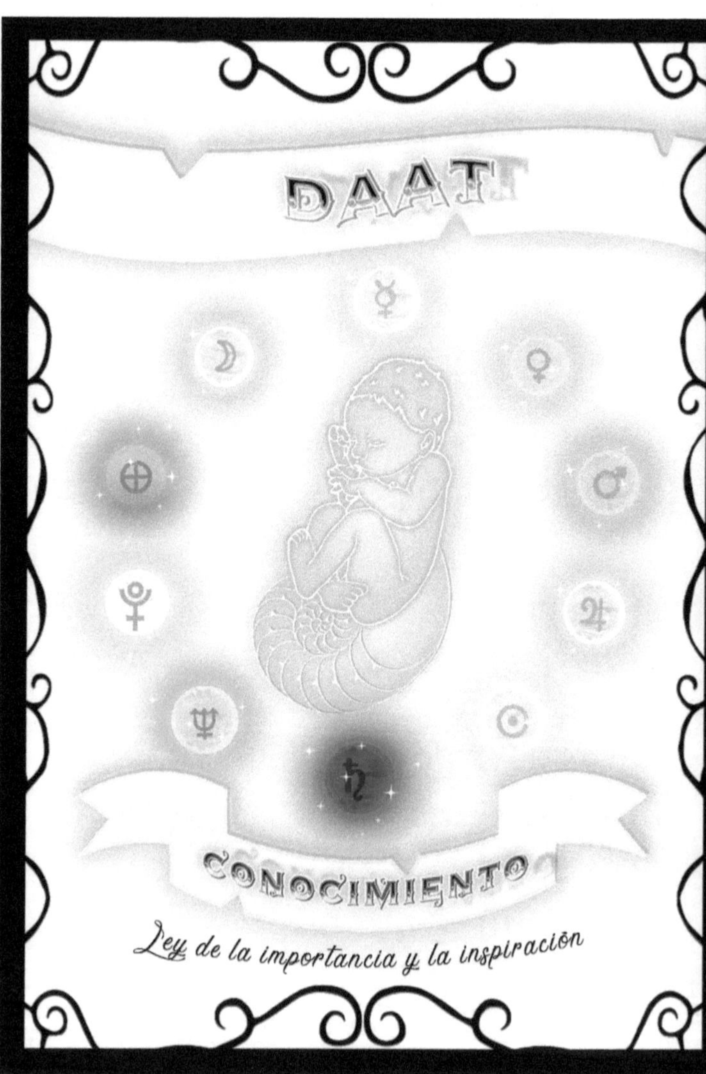

DAAT
CONOCIMIENTO
Ley de la importancia y la inspiración

11

Conocimiento
Daat.

Incienso: Salvia, Laurel.

Aceite esencial: Menta, Salvia, Laurel.

Vela: Sin color.

Ley: Ley de la importancia y la inspiración.

Conectar con este planeta te aporta la sabiduría de los diez planetas anteriores. Te abre las puertas al conocimiento más puro y a la inspiración para fluir en armonía en tu evolución.

«Cada contribución personal es también una contribución en la totalidad».

Daat es el planeta escondido entre los diez planetas anteriores. En él se centra «el todo», el conocimiento dormido, hasta que llega el día en que todo este conocimiento sale a la luz. Refleja el puente entre la idea y la realidad. Es como un despertar, un estado de conciencia, la conciencia de la propia existencia: «Yo existo». Te muestra el proceso de autoconocimiento y llegas a identificar el «Yo Soy», conectando con tu identidad.

Este conocimiento se va adquiriendo poco a poco a través de las vivencias y el desarrollo de la mente.

- Ley de la importancia y la inspiración -

Esta ley es la que pone en un conjunto todas las leyes anteriores: la ley de conexión, de enfoque, de causa y efecto, del aquí y ahora, del dar y de la hospitalidad, de la paciencia y la recompensa, de la humildad y del crecimiento y la materialización. El cambio se produce una vez aplicadas las leyes universales con esfuerzo y dedicación.

Necesitas poner tu corazón en todo lo que hagas. Toda acción realizada con amor tiene un mayor impacto en tu entorno y en tu vida.

Debes dar importancia a todo lo que haces, a cada objetivo, a cada meta y a cada sueño, da valor real a tu vida. No busques la aprobación de los demás, de nada sirve si no te valoras tú.

Da lo mejor de ti, tu mejor versión. Utiliza tus mejores recursos y, si no los tienes, búscalos. Todo tiene una salida. Todo es posible. Todo depende de ti. Cree, confía, construye, vive el presente, da, agradece, desea el bien para ti y para los demás y respeta, de este modo el destino cobrará realidad.

- Conocimiento -

Al nacer empezamos de cero en la vida que nos toca jugar con los conocimientos básicos de supervivencia (respirar, comer, llorar, dormir...) y, a medida que vamos creciendo, nuestro cerebro se va desarrollando y vamos adquiriendo conocimientos. Nuestro conocimiento al final de nuestra vida no será solo el que hemos adquirido a lo largo de esta. En toda la sabiduría que vamos adquiriendo se añade la sabiduría que trae nuestra alma de anteriores vidas. El alma va experimentando y evolucionando, y cada vez es más sabia. Todos los conocimientos adquiridos en otras vidas están almacenados en su interior, y si aprendemos a realizar trabajos profundos de introspección podemos relacionar sabiduría de otras vidas que se han despertado en esta.

¿Has escuchado la frase «Los niños de ahora nacen más despiertos» o «Saben más de tecnología que yo»? Esto significa que los bebés que nacen ya han vivido la evolución del planeta (unos más que otros), y llevan esta sabiduría en ellos.

- Actuación a través de conocimiento -

Actuamos desde el conocimiento interno individual. No se puede actuar desde lo desconocido, es decir, es imposible responder sin saber la respuesta.

Piensas, haces y dices según sabes en aquel preciso momento, según has aprendido o te han enseñado, o también siguiendo tu intuición.

Por eso decimos que el conocimiento es cambiante y evolutivo. Según vas creciendo, vas experimentando y vas ampliando tu conocimiento, y este puede variar, comparando tu información con nuevas realidades. Vas construyendo tu verdad en función del conocimiento adquirido; esta verdad personal cambiante de la que hemos hablado anteriormente.

¿Has escuchado alguna vez a alguien mayor diciendo: «Me gustaría volver a tener veinte años, pero con la sabiduría de sesenta»?

El paso del tiempo y las experiencias vividas son las que te dan las pautas para llegar a ser un alma más sabia, un alma evolucionada, y para ello necesitamos paciencia, observación y aprendizaje.

El conocimiento se puede analizar desde dos formas distintas. La primera basándose en el conocimiento sensible percibiendo la sabiduría por medio de los sentidos, lo que observas, tocas, hueles, y ves.

La segunda forma es a través del conocimiento racional. Elaboras conceptos desde tu parte mental y lógica. Observas, tocas, hueles, ves y luego cuestionas, analizas, comparas, interpretas, y finalmente extraes tus propias conclusiones.

LAS TRÍADAS DEL EQUILIBRIO

Las tríadas del equilibrio las encontramos representadas en el dibujo del análisis de un árbol de la vida personal. Son triángulos que se forman a partir de la unión de planetas con los senderos de aprendizaje. Estas tríadas te muestran la expresión determinada de un aspecto de tu vida en concreto, las pautas de comportamiento y tus bloqueos. Un bloqueo puede desarrollar el clásico círculo vicioso que te lleva al estancamiento. Asimismo, una tríada te muestra el lado positivo y el lado negativo, y su objetivo es encontrar el equilibrio.

En este apartado vamos a hablar de las diferentes tríadas que existen, y en cada una de ellas te proponemos un ejercicio de introspección para que analices aquello que debes trabajar.

Las tríadas se clasifican en tres grandes grupos:

las tríadas estructurales, las cuales pertenecen al pilar central del árbol; las tríadas activas, que se encuentran en mayor medida en el pilar de la derecha, y las triadas pasivas, situadas en el pilar de la izquierda.

Tríadas estructurales:

Son las tríadas que se encuentran en la parte central del Árbol de la Vida.

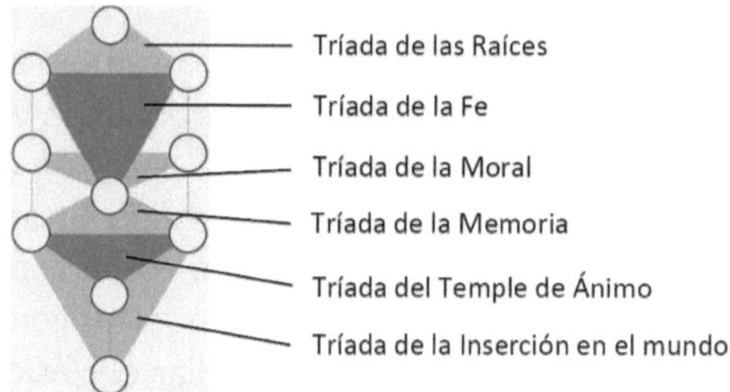

Tríada de las raíces

Esta tríada está formada por los senderos uno (voluntad), tres (síntesis) y veintidós (Yo Soy). Expresa lo que sientes, a dónde perteneces y refleja la familia, la cultura, los valores... El trabajo a realizar es buscar la verdad, la conexión con tu ser. Lo que bloquea esta tríada es el excesivo apego a la familia o los valores inculcados.

Ejercicio de introspección

- Identifica diez valores que tengas hacia la vida.

- De estos diez valores, marca los cinco más importantes.

- Ordena estos cinco valores del que más importa

al que menos.

- ¿Este orden refleja cómo actúas o representa la persona que desearías ser?

- ¿Sientes que tienes tus propios valores?, ¿o son inculcados por la familia, la sociedad...?

- ¿En alguna ocasión has dejado de hacer algo por culpa de tus valores?

Si dedicas tiempo a revisar y a reflexionar sobre estos valores, podrás mejorar las decisiones y ser más consciente de tu conducta.

Tríada de la fe

Esta tríada está formada por los senderos tres (síntesis), cuatro (disciplina) y seis (libertad). Expresa la esperanza y las creencias. El trabajo que realizar es creer en ti y aceptar las experiencias como evolución y no como algo negativo. Debes sintetizar y separar la autoridad del orden y, por otra parte, la libertad de elección y la renuncia. Esta tríada se bloquea si existen creencias limitantes y la necesidad de obtener cosas materiales para cubrir tus propias necesidades.

Ejercicios de introspección

- Investiga si tienes creencias que te limitan.

- Escribe todo aquello que tú crees que no puedes hacer.

- Pregúntate con sinceridad: «¿Es totalmente cierta esta creencia?».

- ¿Qué razones hay por no hacer lo que crees que no puedes hacer?, y piensa si realmente no existe absolutamente nada que hacer al respecto.

Tríada de la conciencia moral

Esta tríada está formada por los senderos ocho (equilibrio), nueve (introspección) y once (fortaleza). Expresa los principios del bien y del mal. Indica el equilibrio entre prudencia y fuerza, así como el control de ambas. El trabajo que realizar es aprender a quedarse con lo que necesitas y desechar lo que no necesitas. Saber cuándo debes ser severo o tener misericordia. El bloqueo es el exceso de una de las dos cualidades o los valores erróneos.

Ejercicio de introspección

- Revisa tu escala de valores.

- Si crees que hay algún valor que ya no te sirve, date permiso para renovarlo.

Tríada de la memoria

Esta tríada está formada por los senderos trece (perdón), quince (transformación) y dieciséis (autoestima). Refleja las experiencias vividas entre lo mental y lo emocional. Expresa que debes soltar los recuerdos para no entrar en crisis. La memoria sirve para no tropezar dos veces con la misma piedra, y el olvido te ayuda a no cargar en exceso tu memoria. El aprendizaje se bloquea por la incapacidad para recordar y olvidar, te bloquean los recuerdos del pasado que todavía hoy te duelen.

Ejercicio de introspección

- Intenta reconocer los recuerdos del pasado que todavía hoy te duelen.

- Obsérvalos desde otro punto de vista, agradece su aprendizaje, procésalos, acéptalos y déjalos ir.

- Mientras piensas en esta situación desde el perdón, utiliza el tapping (golpecitos con los dedos índice y pulgar) un minuto en cada parte: coronilla, cejas, sienes, parte inferior de la nariz, mentón, clavículas, pecho y debajo de las axilas. Con este ejercicio estarás creando, armonizando tu energía en tu mapa corporal.

Tríada del temple de ánimo

Esta tríada está formada por los senderos dieciséis (autoestima), diecisiete (sexualidad) y diecinueve (sociabilidad). La misión de esta tríada es fortalecer la personalidad, integrar lo mental y lo emocional, aprender a separar lo que es tuyo y lo que no, vivir a fondo cada situación hasta sus últimas consecuencias y hacerse con ella. Es un proceso de crecimiento, un viaje hacia tu interior. El aprendizaje se bloquea cuando aparece el miedo a ser rechazado.

Ejercicio de introspección

- Analiza cuáles son los rasgos que te caracterizan. Identifica tus fortalezas y debilidades y trabaja para potenciar las primeras y minimizar las segundas.

Tríada de la inserción en el mundo

Esta tríada está formada por los senderos dieciséis (autoestima), dieciocho (emociones) y veinte (comunicación). La misión de esta tríada es forjar las bases en el mundo terrenal, ver las experiencias como crecimiento y saber apreciar el lado bueno de la vida para así poder expresar los potenciales en acciones concretas y llegar a la materialización. El aprendizaje se bloquea al huir o resistirte a las pruebas de vida para no experimentar el dolor.

Ejercicio de introspección

- Haz una lista de cosas que se te dan bien o que te gustaría hacer.

- Escribe en cada una de ellas un plan para llevarlo a cabo. Identifica lo que te hace falta, busca el momento y el lugar. Apunta también lo que lo impide y busca cómo contrarrestar las limitaciones. ¡Querer es poder!

Tríadas activas:

Son las tríadas que se encuentran entre el pilar central y el pilar de la derecha.

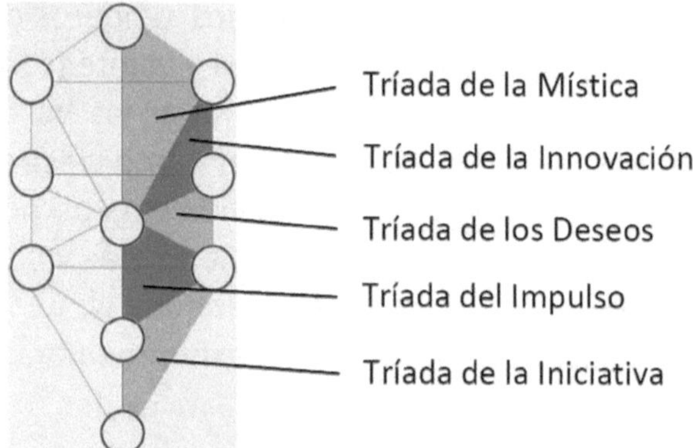

Tríada mística

Esta tríada está formada por los senderos veintidós (Yo Soy), dos (intuición) y cuatro (disciplina). Expresa la fe en la luz y se concreta en la aceptación de todo lo que es, independientemente de nuestras creencias sobre lo que debe ser. Refleja la entrega a la voluntad y la unión de lo masculino y lo femenino. El aprendizaje se bloquea con un exceso de perfeccionismo, y eso conlleva no acabar las cosas porque no se perciben lo suficientemente bien como deberían estar.

Ejercicio de introspección

- ¿Eres de los que nunca terminan de ver las cosas bien, o te adaptas y quedas satisfecho con los resultados?, ¿siempre piensas que se podrían mejorar?

Tríada de la innovación

La tríada de la innovación está formada por los senderos cuatro (disciplina), cinco (alegría) y nueve (introspección). Te refleja que para que lo nuevo nazca debe, en muchos casos, morir lo viejo, así que tienes que romper con situaciones que ya no te aportan nada positivo. Lo que bloquea este aprendizaje es la esclavitud de seguir las modas y las personas que cambian constantemente de *look* o, por el contrario, la resistencia al cambio.

Ejercicio de introspección

- ¿Eres capaz de cerrar etapas en tu vida o sigues atado a ellas? ¿Vale la pena aguantar situaciones que ya no te satisfacen?

Tríada de los deseos

Esta tríada está formada por los senderos nueve (introspección), diez (prosperidad) y trece (perdón). Te refleja que los deseos y el miedo son dos caras de la misma moneda. El aprendizaje aquí te habla de un trabajo de superación de pruebas. Si observas el desear en sí, te darás cuenta de que los deseos traen la sensación de que te falta algo, sientes necesidad. Lo que anhelas es la sensación de plenitud, pero debes tener en cuenta que la plenitud no es duradera. La plenitud no está en aquello que buscas fuera, debes buscarla en tu interior. El aprendizaje te enseña que, gracias a tener deseos, se despierta la capacidad de acción y motivación. Lo que bloquea el aprendizaje es la necesidad de cubrir carencias.

Ejercicio de introspección

- Haz una lista de las cosas que deseas. Observa si estos deseos provienen de tu interior o si se trata de algo impuesto por la sociedad, si son deseos materiales o deseos espirituales.

Tríada del impulso

La tríada del impulso está formada por los senderos trece (perdón), catorce (adaptación) y diecisiete (sexualidad). Refleja que el impulso viene de tu interior, y es lo que te mueve a seguir avanzando. Aquí se trabaja la fuerza empleada, pudiendo ser excesiva o insuficiente para obtener el objetivo. Si es insuficiente no se producirá la energía de impulso; por ejemplo, en una crisis emocional el impulso está bloqueado. La misión de esta tríada es trabajar tu fortaleza.

Ejercicio de introspección

- Observa si tu impulso es excesivo o insuficiente. Si es insuficiente es posible que no disfrutes o no le pongas pasión, entonces significa que no lo deseas de verdad y se puede convertir en carga, por ello la insuficiencia de energía; pero si por el contrario es excesivo, puede ser que debas trabajarte la templanza, entonces nos podemos encontrar que la persona actúa precipitadamente, sin pensar, con consecuencias caóticas en ocasiones.

Tríada de la iniciativa

La tríada de la iniciativa está formada por los senderos diecisiete (sexualidad), dieciocho (emociones) y veintiuno (escucha profunda). La misión es llegar a la realización a través de perseguir tus sueños.

Ejercicio de introspección

- Observa si todas las cosas que comienzas las terminas o las dejas a medias, si no empiezas las cosas por miedo a fracasar. Si tu respuesta es sí, debes trabajar tu capacidad de voluntad.

Tríadas pasivas:

Son las tríadas que se encuentran en la parte central e izquierda del Árbol de la Vida.

Tríada de la ascética

La tríada de la ascética está formada por los senderos uno (voluntad), dos (intuición) y seis (libertad). Su misión es saber quién eres realmente y lo que quieres a través del autoconocimiento. El trabajo de esta tríada requiere una lucha interior que exige salir de tu zona de confort, obteniendo la capacidad de renunciar a todo aquello que te ata o te limita. El aprendizaje se bloquea cuando hay soledad e incomprensión de tu entorno más cercano.

Ejercicio de introspección

- ¿Hay algo que no te atreves a hacer por miedo al futuro? Recuerda que quien no arriesga no gana. Las cosas pueden salir mal, pero ¿y si salen bien?, existen las mismas posibilidades. ¡Arriésgate y gana!

Tríada de la conservación

La tríada de la conservación está formada por los senderos seis (libertad), siete (responsabilidad) y once (fortaleza). Su misión es aprender a saber qué se debe conservar y de qué deshacerse a través de tus propios valores. El aprendizaje se bloquea a través del comportamiento de no ser capaz de desprenderse de nada.

Ejercicio de introspección

- Realiza una revisión en tus armarios y cajones de tu casa. Identifica aquello que no necesitas, lo que guardas y no has utilizado en más de un año. Despréndete de todo aquello que no necesitas.

Tríada de los miedos

La tríada de los miedos está formada por los senderos once (fortaleza), doce (sacrificio) y quince (transformación). Te refleja el miedo social, perder tu parte más instintiva, la inmovilización al sentir impotencia ante alguna situación y los miedos de tu propia sombra.

Ejercicio de introspección

- ¿A qué le tienes miedo? Observa desde una mirada ajena estos miedos, observa de dónde provienen. ¿Serías capaz de enfrentarte a ellos? Intenta afrontar una situación en la que sientas miedo y observa los resultados.

Tríada de la intuición

La tríada de la intuición está formada por los senderos catorce (adaptación), quince (transformación) y diecinueve (sociabilidad). La intuición te llega desde lo más profundo de tu ser instantáneamente y, en ocasiones, sin ser consciente de ella. El pensamiento requiere de tiempo, mientras que la intuición actúa de forma inmediata para avisarte de un peligro o una oportunidad. La misión de esta tríada es aprender a mantener la mente en calma y no dejar que la actividad mental la bloquee.

Ejercicio de introspección

- ¿Das vueltas a la cabeza continuamente a tus asuntos?, ¿estás demasiado pendiente del pasado o del futuro? Prueba a meditar cinco minutos al día para aprender a relajar y aquietar la mente.

Tríada de la lógica

La tríada de la lógica está formada por los senderos diecinueve (sociabilidad), veinte (comunicación) y veintiuno (escucha profunda). El pensamiento contiene más de una idea y la función de esta tríada es utilizar tu aspecto más racional para tu evolución, sin dejarte llevar al extremo por exceso de emoción o por exceso de razón.

Ejercicio de introspección

- ¿Te consideras una persona más emocional o racional? ¿Te dejas llevar por tus emociones o piensas antes de actuar? Observa si hay un equilibrio entre las dos respuestas.

¡Felicidades!

Has llegado a tu destino.

Durante la lectura de este libro, se ha activado tu conciencia. ¡Ahora tienes todas las pautas en tu interior para vivir en plena felicidad real!

¡Tenemos un último mensaje para ti y deseamos seguir encontrándonos en este fantástico camino!

Antes de leer el mensaje final te proponemos un último juego para que conectes mejor con lo que queremos transmitirte.

¿Jugamos?

Deja el libro abierto por esta página a tu lado. Ponte de pie, haz una respiración profunda y empieza por dar veintiún saltos seguidos. Acto seguido, muévete como si estuvieras corriendo, pero sin moverte del lugar, y tan rápido como puedas mientras cuentas veintiuno. Seguidamente, siéntate y lee el mensaje.

¿Sientes tu corazón acelerado? ¿Conectas con tus latidos? Cierra los ojos y experiméntalo por unos segundos. Este corazón no ha dejado nunca de latir, en él está tu esencia de amor más puro. ¿Ahora lo percibes? Vuelve a cerrar los ojos y observa cómo se va calmando, cómo tu corazón vuelve a su ritmo natural.

Mensaje final

Date cuenta de que todo pasa, de que las situaciones fuertes terminan y siempre vuelve la calma. Está en tus manos el poder de parar, respirar hondo y calmar la situación de la misma manera que se van calmando los latidos del corazón. Observa la situación tantas veces como necesites.

Y lo más importante, mantente siempre en conexión con tu corazón. Deja fluir tus sentidos y lo percibirás, él siempre está activo, incluso cuando tú no lo tienes presente.

¡Sigue tu camino y siembra amor incondicional allá donde vayas!

¡Feliz vida!

Equipo BioTikún.

Principio de la realidad.

Sientes que hay algo más,

no sabes lo que es,

pero siempre ha estado contigo.

Te observas, focalizas tu

mirada interna.

Cuando te aceptas y te reconoces lo descubres.

Empiezas a replantearte la Vida

y es entonces cuando dejas de creer.

Creer en todo aquello que conocías.

Aquí empieza tu libertad,

aquí empieza la conexión con tu verdadera Identidad.

BioTikún

ANEXO

- El color como arterapia -

La psicología del color es un estudio que analiza cómo percibimos, cómo nos sentimos y cómo nos comportamos ante distintos colores. De este modo, podemos utilizar los colores como arteterapia.

El arteterapia es una forma de expresar y mejorar el bienestar psicológico que te permite manifestar tus sentimientos y emociones. El color refleja el estado del alma. Cuando utilizas más un color que otro en un dibujo o mezclas unos colores en concreto, si prefieres colores fríos o cálidos, esto te muestra el estado de tu inconsciente.

De igual manera, los colores utilizados en el *Feng Shui* de la ropa te muestran cómo te armoniza o qué te aporta cada color según esté en tu vestimenta. Puedes utilizar los colores para potenciar, armonizar o activar un estado en concreto.

Tabla cromática

Rojo		Positivo, con fuerza. Indica que la persona está activa. Pide trabajar los miedos, los límites y la ira.
	Naranja	Alegre, optimista, confianza. Te pide trabajar la autoestima.
	Amarillo	Comprensión y relajación. Te pide trabajar la ira, la envidia y los celos.
	Verde	Equilibrado, paz interior. Te pide buscar la tranquilidad.
Azul		Tranquilo, calmado. Te pide trabajar el equilibrio emocional.
	Violeta	Intuitivo, conexión espiritual. Te pide trabajar el miedo, la angustia y las fobias.
Blanco		Alegre. Te pide trabajar la inmadurez.
	Negro	Negativo, deprimido, desmotivado. Te pide trabajar el dolor, la tristeza y la melancolía.
Gris		Indecisión. Te pide trabajar la tristeza o la depresión.

Tabla cromática de la personalidad inconsciente

Rojo	El rojo refleja deseos y actividad. Persona efectiva, está haciendo aquello que desea hacer. Con fuerza y vitalidad. Persona independiente, autónoma y apasionada.
Naranja	Personalidad con mucha fuerza, con un gran sentido del humor. Las emociones siempre están a flor de piel, y eso lo notan quienes le conocen.
Amarillo	Personalidad nada supersticiosa y muy enérgica. Le gusta tenerlo todo bajo control sobre todo en aspectos profesionales. Optimista y capacidad de afrontar los problemas de un modo alegre y eficaz..
Verde	Personalidad tranquila. Busca su espacio. Aunque le gusta estar con más gente prefiere sus ratos de intimidad. Equilibrada.
Azul	Personalidad comunicativas. Son personas que les encanta hablar de forma constante. Personalidad profunda y seguras de sí mismas. Además, son grandes observadores.
Violeta	Personalidad creativa. Les encanta crear y ven con claridad las nuevas oportunidades con gran sensibilidad. Personas empáticas que les gusta ayudar a los demás.
Blanco	Personalidad con un gran equilibrio emocional. Suelen ser imparciales y les gusta la tranquilidad en casa y fuera de ella. Gran intuición.
Negro	Personalidad muy observadora y racional. Suelen ser bastante cabezotas y les cuesta darle la razón al resto.
Marrón	Personalidad de gran convicción ante los demás. Tienen un don para convencer al resto, y lo que proponen siempre suele encantar al resto.

Listado cromático del *Feng shui* de la ropa

Violeta: te ayuda a tener claridad. Es apropiado para la relajación y la meditación. Controla las emociones y calma el insomnio. También aporta fuerza de voluntad. Un exceso de violeta podría llevarte a un exceso de desenganche de la realidad. Para equilibrarlo puedes ponerte una prenda de color oscuro, como un marrón o un negro.

Naranja: te ayuda a enfocarte sin miedo en el futuro y en lo que te resulta incierto. Es antidepresivo. Te ayuda con la somnolencia y favorece las digestiones. Se aconseja en diabetes, diarreas y anemias.

Negro: puedes utilizarlo cuando necesitas orden en tu vida. Te aporta seguridad.

Azul: es el color de la expansión, la alegría, la bondad y el buen humor. Puedes utilizarlo cuando estés algo apático. Representa el poder, la capacidad para asumir responsabilidades y ayuda a la comunicación.

Rojo: te aporta energía y fuerza. La otra vertiente del rojo es la pasión o la excitación de los sentidos. Puedes utilizarlo para enfrentarte a las situaciones que requieren fuerza. Un exceso de rojo puede llevarte a discusiones sin control.

Dorado o amarillo: puedes utilizarlo cuando necesitas calma o para reducir el estrés.

Verde: te ayuda a conseguir que tus proyectos puedan materializarse. Es calmante y controla la ansiedad y los nervios.

Blanco: te ayuda a alcanzar el equilibrio emocional.